懸板逸話(2)

멈추면 보이는 한 줄의 역사, 현판

박진형

■ 글쓴이: 박진형

성균관대학교 한문학과 졸업 후, 홍익대 한문교육 석사 졸업, 명지대 문예창작 석사를 졸업하였다. 대표 논문으로는 「미수 허목의 전쟁관련 시 연구」가 있으며, 공동 번역서로 『원문과 함께 읽는 삼국사기 1, 2, 3』(2012)와 『판본비교 징비록』(2016), 『해사일기』(2018), 『현판, 역사를 담다-懸板逸話』(2021)가 있다.

멈추면 보이는 한 줄의 역사, 현판
懸板逸話(2)

초판인쇄	2024년 08월 28일
초판발행	2024년 09월 05일
저　　자	박 진 형
발 행 인	권 호 순
발 행 처	시간의물레
등　　록	2004년 6월 5일
주　　소	경기도 파주시 숲속노을로 150, 708-701
전　　화	031-945-3867
팩　　스	031-945-3868
전자우편	timeofr@naver.com
블 로 그	http://blog.naver.com/mulretime
홈페이지	http://www.mulretime.com
I S B N	978-89-6511-474-1 (03910)
정　　가	17,700원

* 이 책의 저작권은 저자에게 출판권은 시간의물레에 있습니다.
* 잘못된 책은 바꿔드립니다.

책을 펴내며

『현판, 역사를 담다』를 출간한 지 어느덧 2년 반이 지났다. 나의 오랜 친구가 이 책을 보고 재미가 있다며 후속편을 출간하라며 성화다. 다시 용기를 내 첫 번째 책과 같은 형태로 글을 쓰고 사진을 찍어 수록하였다.

이번에도 전국을 돌아다니며 이야기를 수집하고, 여러 문헌을 찾아서 완성하였다. 특히 현판이 걸린 정자를 찾아갈 때면, 그곳에 살고 있는 친구를 불러내 같이 찾아보기도 하고, 서로 안부를 물어보기도 하며 무척이나 즐거운 시간을 보냈다.

이 책은 15편의 현판에 담겨 있는 이야기로 엮어 보았다. 현판 글씨는 그 자체로 단 1점만 남아있기 때문에 가치가 매우 귀중하다. 따라서 위작이나 흉내로 가짜 현판을 만들 수가 없다. 이것은 하나의 장점이지만, 그보다 단점이 더 많다. 유일하기 때문에 훼손되거나 잃어버리면 더 이상 복원이 불가능하다. 그리고 현판 자체가 외부에 노출되어 있어 쉽게 망가지고 도난을 당할 가능성이 매우 크다. 이런 단점에도 불구하고 현판을 외부에 걸어 두고 있는 것은 현판이 가지고 있는 가치나 상징이 보는 사람들에게 감동과 예술이 있기 때문이다.

보통 현판은 짧은 글자로 함축하여 표현했는데, 특히 조선시대 선비들은 추구하는 정신세계나 가치관을 현판에 담아냈다.

그 내용은 대체로 부모에 대한 효孝, 조상에 대한 추모追慕, 선현에 대한 존경尊敬, 학문에 대한 열정과 신념信念 등 정신세계를 담고 있다. 이제는 긴 세월이 지난 현판은 궁극적으로 예술적 감각을 발휘한 하나의 예술작품으로 보아야 한다.

우리나라는 1960년대 이후 급격한 산업화로 느림의 전통문화가 사라지고 옛 건축물이 파괴되고, 글씨로 표현하는 동양사회의 예술성이 망가지면서 빠름의 문화가 급속히 퍼져 더 이상 생산하지 못하고 있다. 그래서 전승되던 서체가 사라지고, 현판에 담긴 시대정신도 사라지는 결과가 되었다.

다행스럽게도 '한국국학진흥원'에서 훼손·도난 우려가 있거나 창고에 방치된 현판들을 한곳에 모아 영구보존의 길을 모색하고 있다. 기탁된 현판의 보존을 위해 항온항습의 수장고를 신설하고, 상설전시장을 만들어 관람객에게 공개하고 있다.

이제 우리가 해야 할 일은 이야기가 있고, 가치가 있는 현판은 기록을 추가하여 남겨놓아야 한다. 더 이상 잊히지 않도록 하는 것이 그 현판이 가지고 있는 시대정신에 대한 최소한의 도리가 아닐까 생각한다.

2024년 5월

박진형

청백리의 표상을 알리다 ··· 7
　梧理影宇(오리영우, 경기 광명시) - 이관징

전쟁보다 평화를 갈망하다 ····································· 23
　洗兵館(세병관, 경남 통영시) - 서유대

요구하면 반드시 응답한다 ····································· 36
　有求必應(유구필응, 충북 제천시) - 정명수

우국충정을 품은 현판 ·· 47
　七柳軒(칠류헌, 경북 봉화군) - 오세창

최초 어필 사액현판 ··· 60
　紹修書院(소수서원, 경북 영주시) - 명종

성당에서 만난 현판 ··· 79
　天主聖殿(천주성전, 인천 강화군) - 작자미상

큰 별 바다에 지다 ··· 90
　大星隕海(대성운해, 경남 남해군) - 박정희

재치 넘치는 대학자의 친필 현판 ······················· 104
　飛飛亭(비비정, 전북 임실군) - 송시열

탄생의 기쁨을 알린 현판 ······························ 117
　大福田(대복전, 전남 순천시) - 순조

드디어 황제에 오르다 ································· 139
　卽阼堂(즉조당, 서울 중구) - 고종

대웅전 최초의 한글 현판 ······························ 145
　큰법당(큰법당, 경기 남양주시) - 금인석

충절의 종가집 ··· 154
　三可軒(삼가헌, 대구 달성군) - 이삼만

공민왕의 친필 현판 ··································· 171
　鳳棲樓(봉서루, 경북 영주시) - 공민왕

최고 서원에 걸맞은 최고 명필 현판 ·················· 192
　陶山書院(도산서원, 경북 안동시) - 한석봉

천재 화가가 남긴 멋진 글씨 ·························· 204
　湛樂齋(담락재, 경북 안동시) - 김홍도

찾아보기 / 221
참고문헌 / 224

청백리의 표상을 알리다

梧理影宇 오리영우

이관징(李觀徵)

경기도 광명시 오리로347번길 5-6

경기도 광명시 소하동에는 조선시대 유명한 청백리 오리 이원익[1] 선생의 사당이 있다. 그런데 이 사당은 이름부터 조금 특이하다. 사당을 '梧里影宇(오리영우)'라 부른다. 사당이라 함은 대개 무슨 무슨 사(祠)라고 이름을 짓는데, 이곳은 무슨 사(祠)라 하지 않고 영우(影宇)라 부른다. 영우라는 한자를 알면 쉽게 이해가 된다.

'오리영우(梧里影宇)'에서 '오리(梧里)'는 이원익 선생의 호이고, '영우(影宇)'는 글자를 풀어보면 영정을 모신 집이라는 뜻이다. 종합해보면 오리 이원익 선생의 영정을 모신 집이라는 말이다. 전국의 대부분 사당은 위패만 모시지만, 이 사당은 내부에 감실(龕室)[2]을 따로 만들어 영정을 모시고 있다. 그래서 사당 이름을 영우(影宇)라 한 것이다. 그리고 위패 대신 영정을 모시고 제사를 지낸다.

이 영우에서 모시고 있는 영정은 언제 만들어졌을까?

---

1) 이원익(李元翼): 1547년~1634년. 본관은 전주(全州)이며, 자는 공려(公勵), 호는 오리(梧里), 시호는 문충(文忠)이다. 태종의 아들인 익녕군(益寧君) 이치(李袳)의 4세손으로, 선조·광해군·인조 대에 모두 영의정을 지냈다. 평양 감사로 있을 때 선정을 베풀어 백성들로부터 생사당에 모셔졌다. 임진왜란 때의 공으로 호성공신(扈聖功臣) 2등에 책록되었으며, 이괄의 난 때에는 77세라는 고령의 나이로 임금(인조)을 공주까지 호종하였다. 매우 청빈한 삶을 살았으며 선조 대에는 청백리에 올랐고, 인조 대에는 궤장(几杖)과 집을 하사받았다.
2) 감실(龕室): 위패나 초상화 등을 봉안하기 위하여 만든 방.

현재 전하는 오리 이원익 선생의 영정은 2점이 존재한다. 그 중에서 영우에 모신 영정은 1580년(선조 13년)에 그려진 영정으로 알려져 있지만, 누구의 작품인지는 알려져 있지 않다. 다만, 1580년에 평양의 백성들이 만들었고, 그 당시 평양에 세운 이원익의 생사당(生祠堂)3)에 모셨던 영정이라는 것이다. 조선시대 영정은 대부분 오른쪽으로 얼굴을 돌리고 두 손은 모아 공수하는 자세를 취하고 있다. 이에 비해, 이 영정은 왼쪽으로 얼굴을 돌리고 손에는 부채를 들고 있다는 점이 참 독특하다. 임진왜란 이전에 그려진 영정은 지금끼지 남아있는 것이 매우 드물다. 그래서 이곳 영우에 모셔진 오리 선생의 영정이 그만큼 가치가 있다.

숙종의 명에 의거 관감당 옛터에 새로운 사당을 짓고, 이 영정을 가져다 모신 것이다. 임진왜란 이전에 그려진 영정이라 그 가치가 매우 높으며, 전문 화가가 그린 작품이 아니더라도 당시의 풍습을 알게 해주는 보기 드문 영정에 속한다.

영정은 머리에 검은색 사모를 쓰고, 관복을 입고 호피 의자에 앉아있는 전신상이다. 가로 70cm, 세로 150cm이며, 관복의 가슴에 학 무늬가 흉배가 있는 것으로 보아 공신이 되기 전인 당하관 시절에 그렸음을 알 수 있다.

---

3) 생사당(生祠堂): 지방 수령들의 선정을 기리어 그 사람이 살아있을 때부터 제사를 지내는 사당.

사당은 앞면 1칸과 옆면 2칸의 규모로 겹처마의 맞배지붕이다. 그리 크지 않은 건물이지만 조선 후기 사당 형식을 잘 갖추고 있다. 영정(초상)을 모셨다는 것이 참 이채롭다. 지금도 전국에서 제를 올리는 사당 대부분은 위패를 모시고 제사를 지낸다. 하지만 이곳 오리 선생의 사당은 영정을 모시고 제사를 지낸다. 영정을 모시고 제사를 지내는 후손들에게는 위패보다 더 친밀감을 느끼게 할 것이다.

사당이 독특한 만큼 사당에 걸린 현판도 예사롭지 않다. 특히 현판 좌측에 사당을 세운 유래를 기록하고 있는데, 다음과 같은 내용이다.

오리영우 원판(충현박물관 소장)

今 上十九年癸酉十月 日, 建祠子先生退老時, 仁廟恩賜茅遺址. 芹谷李觀徵謹書.

"지금 숙종 19년(1693년) 계유 10월 모일에 선생이 늙어 벼슬을 그만두고 물러나 있을 때, 인조 임금이 은혜에 보답코자 하사한 집(관감당)의 옛터에 이 사당을 건립한다. 근곡 이관징이 삼가 쓰다."

위와 같이 사당의 건립 시기를 정확히 알 수 있게 했으며, 누가 현판 글씨를 썼는지도 알 수 있게 기록하였다. 기록을 보면, 오리영우의 건립은 1693년(숙종 19년)에 건립했으며, 사당의 위치도 인조가 하사한 관감당의 옛터(지금 광명시 소하동)라고 하였다. 이때는 관감당이 병자호란으로 소실되어 없어졌던 시기이다. 그래서 옛터라고 한 것이다.

관감당은 인조 임금이 1630년(인조 8년)에 영의정을 지내고 청렴한 청백리로 소문난 이원익 선생이 누추한 초가집에 산다는 이야기를 듣고, 신분과 공적에 맞게 하사힌 집이다. 히지만, 선생은 벼슬에서 은퇴 후 4년이라는 짧은 세월만 이곳에서 살다가 돌아가셨다. 이후 관감당은 병자호란으로 소실되어 방치되었다가, 선생 서거 60주년을 기념하여 1694년(숙종 20년)에 다시 세웠다.

오리영우 사당은 불천위(不遷位)4) 사당으로 숙종 임금은 오리 이원익 선생을 깊이 존경하여 사당 건물에 어울리는 현판

梧里影宇(오리영우) 사당

을 내려주었으며, 현판 글씨는 당시 이조판서를 지낸 근곡(芹谷) 이관징(李觀徵)5) 선생이 썼다. 이관징은 당대 해서체에 일가를 이룬 서예가다. 이 사당은 1996년 12월 24일 경기도 유형문화재 제161호로 지정되었다.

---

5) 이관징(李觀徵): 1618년~1695년. 호는 근곡(芹谷)·근옹(芹翁)이며, 본관은 연안(延安)이다. 1654년 과거에 급제하고 여러 벼슬을 거쳐 1659년 사헌부 장령이 되었다. 예학에 밝았으며, 특히 글씨로 유명하였다. 당시 남인의 영수였던 허목을 비롯하여, 윤휴·이하진(李夏鎭) 등 남인들과 교유하였다. 숙종의 신임을 얻어 대사헌·이조판서 등을 거쳐 판중추부사를 지냈다. 여러 관직을 거쳤으며 청렴한 관리로 이름이 났다. 글씨는 중국의 왕희지 필법을 본받아 해서체를 잘 썼으며, 만년에는 김생의 글씨를 본받았다. 비문, 편액, 병풍 등을 많이 썼다.

관감당觀感堂

　이원익은 조선 왕실의 종친으로, 조선 제3대 임금 태종의 12남 익녕군(益寧君) 이치(李袳, 1422년~1464년)의 현손(4세손)이다. 증조부는 수천군(秀泉君) 이정은(李貞恩)이고, 조부는 청기군(靑杞君) 이표(李彪)이다. 아버지는 함천군(咸川君) 이억재(李億載, 1503년~1585년)이며, 어머니는 감찰을 지낸 정치(鄭錙)의 딸이다. 이 둘 사이에서 둘째 아들로 태어났다.

　조선시대에는 왕자로부터 3대까지는 군(君) 칭호를 받았고, 왕실의 종친으로 대우를 받았다. 그러나 정치에는 참여할 수 없었다. 즉 벼슬에 나가지 못했다. 그래서 대부분의 종친들은 종친부의 일을 맡거나 예술 분야로 진출하는 경우가 많았다.

　다행히 이원익은 왕자로부터 4대손에 해당하여, 당당히 과거시험을 거쳐 벼슬을 할 수 있었다. 결과적으로 이원익의 정치 참여는 당시 큰 전란과 내란으로 위태로워진 조선이라는 나라에 큰 보탬이 되었다. 그래서 나라를 구해낸 그의 공덕은 임금과 백성들에게는 큰 복이 되었고, 조선을 대표하는 청백리로 남았다.

　오리 이원익 선생의 청백리 삶을 잘 보여주는 문서가 하나 있다. 이 문서는 현재 경기도유형문화재 제232호로 지정되어

관감당. 경기도 광명시 오리로347번길 5-6

있는, 〈書與孫守約赴延豐縣서여손수약부연풍현〉이라는 문서이다. 문서는 이원익 선생이 충청도 연풍현감으로 부임하는 손자 이수약6)에게 내려준 지침서이다.

汝父前後典郡, 誤以廉簡, 保民屢徹, 宸聽. 汝爲汝父之子, 切宜刻心自持, 毋隳家聲.

너의 아버지는 전후 고을을 맡을 때마다 청렴과 간명簡明으로 백성을 보호한다고 여러 번 임금에게 알려졌다. 너는 네 아버지의 아들이니, 마땅히 마음에 새겨 자신을 가지고 집안의 명성을 떨어뜨리지 말라.

魏野告宋帝曰, '治世莫若愛民, 養身莫若寡慾' 雖在士大夫, 事理則一.

---

6) 이수약(李守約): 1590년~1668년. 이원익(李元翼)의 손자로, 광해군 때 조부 이원익이 홍천에 유배되기 때문에 과거시험에 응시하지 못하다가 1623년(인조 1년) 문음(門蔭)으로 선공감역(繕工監役)이 되었다. 이듬해 생원시에 2등으로 합격하였다. 종친부(宗親府) 전첨(典籤), 연풍현감(延豐縣監), 그리고 형조좌랑(刑曹佐郎)을 거쳤으며, 포천현감(抱川縣監), 다시 순창군수(淳昌郡守) 등을 역임하였다.

왕소소(王昭素)가 평소 송나라 임금에게 아뢰기를, "세상을 다스리는 데에는 백성을 사랑하는 것보다 더한 것이 없고, 몸을 닦는 데는 욕심을 적게 하는 것보다 더한 것이 없다."라고 하였으니, 비록 사대부 일지라도 같은 이치이다.

古訓曰, '通天下之情, 然後能成天下之務' 雖在懸邑, 事理則一.

옛 말씀에, "천하의 실정을 안 다음에야 천하의 일을 이룰 수 있다."고 하였으니, 비록 지방 고을의 경우도 사리는 마찬가지이다.

臨事戒暴怒, 徐究事情.

일에 임했을 때 지나친 분노를 경계하고, 서서히 일의 실정을 파악하라.

治人不可無賞罰, 善之賞, 賞之而久宜勿忘, 惡之罰, 罰之而過卽勿念.

사람을 다스림에 상과 벌이 없을 수가 없으니, 착한 자에게는 상을 주라. 상을 주었으면 오래도록 잊지 말아야 한다. 악한 자는 벌을 주어야 한다. 벌을 주고 시일이 지나면 곧 생각하지 말라.

古人曰, '興一利不如除一弊, 生一事不如省一事.'

옛사람이 말하기를 '하나의 이익을 일으키는 것이 하나의 폐단을 제거하는 것만 못하고, 한 가지 일을 만들어 내는 것이 한 가지 일을 줄이는 것만 못하다.'고 하였다.

> 邑中有事, 宜博詢于老成品官寂耆舊民人, 務合於人情, 不
> 可傲物自是, 使人心畔渙.

고을에 일이 있거든 노련한 관리와 나이 많은 사람에게 널리 물어서 인정에 들기를 힘써야 하고, 남에게 거만을 부리고 자신이 옳다고 하여 민심을 떠나게 해서는 안 된다.

> 百姓固當撫恤, 而待官屬, 亦不可太刻.

백성은 마땅히 어루만지고 은혜를 베풀어야 하고, 관에 속한 사람을 대우하는 것도 너무 야박하게 해서는 안 된다.

> 凡百惟當隨時盡心, 豈得一一指揮.

모든 일은 마땅히 때에 따라 마음을 다해야 한다. 어찌 일일이 지휘할 수가 있겠는가?

이원익의 목민관으로서의 공명정대하고 청렴한 삶을 알게 해주는 사연이 있는 문서이다. 이 문서는 '연풍현감(延豊縣監)으로 부임하는 손자 수약에게 써 준 글'이다. 손자 이수약이 연풍(충북 괴산군 연풍면)에 현감으로 부임하게 된 것을 알고, 목민관(牧民官)으로서 백성을 다스릴 때, 유념해야 할 덕목들을 나열하여 당부하는 내용이다. 여러 번 지방의 목민관 생활을 한 이원익이 자신의 경험을 바탕으로 깨달은 이치들을 손자에게 주의하여 당부한 것이다. 조선시대 사대부 가문의 가풍을 잘 보여주는 것으로, 충·효·공경·애민·공명정대 그리고 권선징악 등 성리학적 사고방식이 잘 융합된 청백리 정신을 포괄하고 있다. 이는 이원익의 청백리 정신을 이해하는데 매우 가치 있는 문서라 할 수 있다. 이 문서는 『梧里集오리집』에 기록되어 있으며, 무진(戊辰)이라 표기되어 있는 것으로 보아 1628년(인조 6년) 벼슬에서 물러나 있을 때 쓴 글이다.

그리고, 조선의 정사(正史)라 할 수 있는 『조선왕조실록』에도, 이원익의 백성을 위하는 마음과 현명한 목민관, 청백리의 표상이 기록되어 있다.

『조선왕조실록』의 〈인조실록〉 제29권, 인조 12년(1634년) 1월 29일자에 이원익 선생의 졸기(卒記)가 있다.

"前議政府領議政完平府院君 李元翼卒. 元翼爲人剛正, 律身淸苦. 歷典州郡, 以治最聞, 再按關西, 西民敬而愛之, 立祠宇以祀之. 宣祖朝入相, 未幾免. 光海初, 復入相, 見政亂解職, 退居于驪州, 臨海·永昌之獄, 俱不染迹. 賊臣爾瞻等欲廢母后, 元翼抗章請光海盡孝於慈殿, 光海大怒曰, '我無不盡孝之事, 元翼何敢做出無根之語, 爲君父罪案乎?' 遂貶于洪川縣, 蓋重其名, 不敢加以威刑也. 及上之反正, 首擧爲相, 甚委任之. 以年老, 賜几杖以安之, 又賜素裯·素衣, 以表其儉. 甲子之變, 以體察使扈駕于公州, 丁卯之難, 以摠督軍門, 陪世子于全州, 朝野皆倚重焉. 元翼旣不能任職事, 乃告老退歸衿川, 處數間茅屋, 不蔽風雨, 弊冠布衣, 蕭然自遣, 見之者不知爲宰相也. 至是卒, 年八十七. 上命賜棺一部, 遣禮曹郞廳及京畿監司, 護喪于衿川, 贈諡文忠, 其後配享廟庭."

"전 의정부 영의정 완평 부원군(完平府院君) 이원익(李元翼)이 졸하였다. 원익은 강직하고 정직하였으며, 몸가짐이 깨끗하였다. 여러 고을의 수령을 역임하였는데 치적(治績)이 가장 훌륭하다고 일컬어졌고, 관서(關西) 지방에 두 번 부임했었는데, 서도(관서지방) 백성들이 공경하고 애모하여 사당을 세우고 제사 지냈다.
선조(宣祖) 임금의 조정에 들어와 재상이 되었지만, 얼마 안 되어 면직되었고, 광해군 초기에 다시 재상이 되었으나, 정사가 어지러운 것을 보고 사직하고 여주(驪州)로 물러가 있었으므로 임해군(臨海君), 영창대군(永昌大君)의 옥사(獄事)에 모두 간여되지 않았다. 적신(賊臣) 이이첨(李爾瞻) 등이 모후(母后, 인목대비)를 폐하려 하자, 원익이 광해에게 소장을 올려 자전(어머니, 인목대비)께 효성을 다할 것을 청하니, 광해가 크게 노하여 말하기를, '내가 효성을 다하지 못한 일이 없는데 원익이 어찌 감히 근거 없는 말을 지어내어 군부(君父)의 죄안(罪案)을 만들 수 있단 말인가.' 하고, 마침내 홍천(洪川)으로 귀양 보냈다. 대체로 그의 명망을 중하게 여겨 심한 형벌을 가하지는 못했던 것이다.
상(인조)이 반정(反正)하고 나서 맨 먼저 그를 천거하여 재상으로 삼고 매우 위임하였다. 그리고 그가 연로하였으므로 궤장(几杖)을 하사하여 편안하게 하였고, 또 흰 요와 흰옷을 하사하여 그의 검소한 것을 표창하였다. 갑자년(이괄의 난) 변란 때 체찰사(體察使)로서 공주(公州)까지 호가(扈駕)하였고, 정묘년(정묘호란) 난리 때에는 총독 군문(摠督軍門)으로서 세자를 전주까지 배행하였는데, 조야가 모두 그를 믿었다. 원익이 늙어서 직무를 맡을 수 없게 되자 바로 벼슬을 사직하고 물러나 금천(衿川)에 돌아가 비바람도 가리지 못하는 몇 칸의 초가집에 살면서 떨어진 갓에 베옷을 입고 쓸쓸히 혼자 지냈다. 보는 이들이 그가 재상인 줄 알지 못했다. 이때에 죽으니, 나이 87세였다. 상(인조)이 관(棺) 1부(部)를 하사하라 명하고, 예조 낭청과 경기 감사를 보내어 금천에 가서 호상(護喪)하게 하였으며, 문충(文忠)이란 시호를 내렸다. 그 뒤에 종묘에 배향되었다."

졸기(卒記)를 보면, 오리 이원익 선생은 조선시대 가장 참혹하고 가장 큰 전쟁이었던 임진왜란과 이괄의 난 그리고 정묘호란까지 남과 북으로부터의 외침과 내란을 모두 슬기롭게 겪고 나라를 구하고 임금을 보호하는데 앞장선 충성스러운 신하로 기록하고 있다. 또 지방의 수령으로 있을 때는 백성을 사랑하고 선정을 베풀어 백성들이 생사당을 세워 제사를 지낼 정도로 훌륭한 목민관이었다. 그래서 삶 자체가 조선시대를 대표하는 청백리의 표상이 되었다고 기록하고 있다.

이원익 선생의 많은 업적 중 특히 우리들이 귀감으로 삼을 만한 것이 있는데, 그것은 죽을 때까지 청빈하고 정직하게 산 삶 그 자체이다. 이런 삶을 조선시대에는 청백리라 불렀다. 지금도 오리 이원익 선생의 청백리 삶을 잘 보여주는 증표가 남아 있는데, 그 증표가 바로 관감당(觀感堂)이다.

경기도 광명시 소하동에는 오리 이원익 선생의 종택이 있는데, 대다수가 이 종택을 관감당(觀感堂)이라 부른다. 종택에는 여러 채의 건물이 있지만, 관감당이 종택의 여러 채 건물들을 대표하게 되어 종택의 이름으로 불리고 있다.

이 종택에는 충현관(忠賢館), 관감당(觀感堂), 오리영우(梧里影宇), 풍욕대(風浴坮), 삼상대(三相臺)와 탄금암(彈琴岩), 그리고 수령이 400년이나 되는 측백나무 등이 남아 있다. 특히 이 중 우리에게 감동을 주는 건물이 하나 있는데, 부르기는 쉽지 않지만 아주 귀감이 되는 사연을 품고 있는 관감당(觀感堂)이 그것이다.

관감당(觀感堂)은 1630년(인조 8년) 인조(仁祖) 임금이 경기도 관찰사에게 명하여 이원익 선생에게 하사하여 지어준 집이다. 그리고 '관감당(觀感堂)'이라고 이름을 지어주었다. 관감(觀感)이란, 인조 임금이 여러 벼슬아치와 백성들에게 이원익의 청빈한 삶을 '보고 느끼라'는 의미에서 붙여진 것이다.

보고 느끼라는 뜻을 지닌 관감당(觀感堂)에도 멋진 현판이 걸려 있는데, 낙관이 없어 누가 언제 썼는지는 알 수가 없다.

관감당 원판(충현박물관 소장)

관감당 건립에 대한 구체적인 경위에 대해 충현박물관 홈페이지는 다음과 같이 설명하고 있다.

> **경기도 문화재 자료 제90호**
>
> 그 건립 경위에 대하여 1694년(숙종 20년) 이만성(李萬成)이 정리한 〈사제시상교(賜第時上敎)〉라는 편액으로 살펴보면 다음과 같다.
> 1630년 정월 인조가 승지 강홍중(姜弘重)을 보내 이원익을 문안하였다.
> 이에 '두 칸 초가에 겨우 무릎을 들일 수 있는데 낮고 좁아서 모양을 이루지 못하며 무너지고 허술하여 비바람을 가리지 못합니다.'라고 복명하였다.
> 인조는 '재상이 된 지 40년이나 되었는데 비바람을 가리지 못하니, 청렴하고 결백하며 가난에 만족하는 것은 고금에 없는 일이다. 내가 평생에 존경하고 사모하는 것은 그의 공로와 덕행뿐이 아니다. 이 공의 청렴하고 간결함은 모든 관료가 스승으로 본받을 바이니, 어찌 백성이 고생하는 것을 걱정하겠는가?'라고 말하고 집을 지어주라고 명하였다. 그리하여 이원익 선생은 이곳에서 4년간 기거하다가 서거하였다.

이때(1630년) 지어진 관감당은 1637년 병자호란으로 소실되었다가 선생 서거 60주년인 1694년에 중수한 것으로 추정된다. 그 후 언제인지는 모르지만 다시 무너졌다가, 1916년 10대손 이연철(李淵哲)에 의해 재차 중건된 것으로 알려져 있다. 조선시대 임금이 하사한 집으로는 현재까지 남아 있는 유일한 건축물이다.

이와 같이 '관감당(觀感堂)'은 벼슬아치와 백성들 모두가 이원익의 청렴한 삶을 '보고 느끼게 하라.'라는 뜻을 품고 있다. 인조가 후대에 이원익을 보고 귀감으로 삼으라며 그 신표로 특별히 하사한 집, 관감당(觀感堂).

임금도 감복시킬 정도로 청빈한 삶을 살았던 오리 이원익 선생의 표상을 관감당이 대변해 주고 있다. 두고두고 오래도록 기억되고 본받아야 할 것이다.

전쟁보다 평화를 갈망하다

洗兵館 세병관

서유대(徐有大)

경상남도 통영시 세병로 27

세병관(洗兵館) 현판은 가로 652.4㎝ 세로 243.8㎝로 우리나라에서 가장 크다. 이 현판은 조선 수군 제136대 통제사 서유대(徐有大)7)가 썼다. 현판이 걸린 건물은 국보 제305호로 지정된 세병관(洗兵館)이다. 이 건물은 통제영의 객사로 쓰였으며, 1605년(선조 38년) 제6대 이경준 통제사가 건립하였다. 이 세병관(洗兵館)은 1646년(인조 24년)에 제35대 통제사 김응해가 규모를 더 크게 하여 중건했으며, 남아 있는 지금의 세병관 건물은 1872년(고종 9년)에 제193대 통제사 채동건이 중수한 것이다.
　조선시대 일반적인 관아의 객사와는 달리 건물 전체가 개방된 형태를 보여주고 있으며, 통제영 휘하의 여러 장수들이 모여 전략회의도 하고, 수군의 훈련을 지휘하기 위한 용도로도 쓰였다. 크기는 정면 9칸 112자, 측면 5칸 56자이다. 아주 웅장한 단층 팔작지붕 건물로, 모든 칸마다 창호와 벽체를 만들지 않고 통으로 개방된 형태이다. 우리나라에 현존하는 목조 건물 가운데 경복궁의 경회루와 여수의 진남관과 함께 가장 큰 규모를 자랑한다.

---

7) 서유대(徐有大): 1732년(영조 8년)~1802년(순조 2년). 호 만포(晚圃), 시호 무익(武翼). 1759년(영조 35년) 무과에 급제하고, 1763년(영조 39년) 통신사(通信使)를 따라 일본에 다녀왔으며, 1768년(영조 44년) 충청 수사를 지냈다. 그리고 이후 총융사 4회, 어영대장 7회, 훈련대장 3회, 금위대장 7회 등 정조(正祖) 때에 군권을 장악한 핵심 인물이었다. 제136대 삼도수군통제사(1779년~1781년)를 역임했다. 1802년(순조 2년) 훈련대장으로 재임 중 세상을 떠났다. 글씨를 잘 썼으며, 특히 대자(大字) 글씨를 잘 썼다고 한다.

지금의 통영시 역사는 이 세병관으로부터 시작된다. 통영(統營)이란 지명도 통제영(統制營)에서 따왔다. 통제영이란, 조선시대 임진왜란 이후 삼도(충청도·전라도·경상도) 수군의 총본영으로, 삼도수군통제사가 지휘하는 본부를 말한다. 오늘날의 해군본부와 같은 곳이다. 최초의 통제영은 임진왜란 중에 이순신 장군이 1593년(선조 26년)에 한산도에 세웠다. 다시 정유재란이 발생하고 이후 여러 곳으로 옮겨 다니다가 1604년(선조 37년)에 제6대 이경준 통제사가 두룡포(통영시 문화동)에 통제영을 설치하면서 자리를 잡았다. 이로부터 지금의 통영시의 역사가 시작되었고 또 세병관이 건립되면서 통영에서 통제영의 역사가 시작되었다. 이렇게 설치된 통제영은 1895년(고종 32년)에 폐영이 될 때까지 조선 삼도수군의 총본부로 사용되었다.

이곳 통제영의 여러 관아 건물 중 최초로 건립된 것이 바로 객사로 쓰인 세병관이다. 세병관은 전쟁을 관할하는 통제영의 대표 건물로 세워졌지만, 오히려 전쟁보다는 평화를 갈망하는 정신이 담겨 있다. 이 정신이 바로 건물에 걸인 현판에 나타나 있다. 현판 '세병(洗兵)'이란, 앞으로 전쟁에 사용하는 병장기를 더는 쓰임이 필요 없게 되어 깨끗이 씻어 놓는다는 뜻으로, 전쟁이 멈추고 평화의 시대가 오래도록 지속되기를 바라는 염원을 표현한 것이다. 그리고 '세병(洗兵)'이라는 말은, 중국 당나라 때 시인 두보(杜甫)[8]가 지은 '세병마행(洗兵馬行)'이라는 시에서 가져왔다. 이 시의 마지막 구절인 '만하세병(挽河洗兵)'에서 '세병(洗兵)'이란 말을 가져다 쓴 것이다.

> 어떻게 하면 힘센 장사를 얻어 하늘에 있는 은하수 물을 끌어와
> **安得壯士挽天河**(안득장사만천하)
>
> 피 묻은 갑옷과 병장기를 씻어 다시는 쓰이지 않도록 할까
> **淨洗甲兵永不用**(정세갑병영불용)

전쟁이 끝나고 세병관 건물의 현판은, 전쟁에 쓰인 창과 칼 그리고 활과 갑옷 같은 무기들을 하늘에 떠 있는 은하수의 물을 끌어다가 깨끗이 씻어서 앞으로는 사용하지 않기를 바란다는 시인 두보의 '세병마행(洗兵馬行)'에서 따왔다. 중국 당나라 때 안사의 난9)으로 집을 잃고 고향을 떠나 정처 없이 여기저기 피난을 다니던 두보가 평화를 갈망하며 지은 시이다. 조선이 건국된 이래 가장 참혹한 전쟁인 임진왜란을 겪고 난 다음, 이제는 평화를 염원하는 병사들의 바람을 통제사가 이 두보의 시에서 세병(洗兵)을 가져와 현판으로 제작하여 표현한 것이다.

우리는 이 현판으로 임진왜란이라는 큰 전쟁으로 피폐해진 국토와 백성들의 삶을 걱정하던 통제사의 평화에 대한 세계관을 엿볼 수 있다.

---

8) 두보(杜甫): 712년~770년. 자는 자미(子美), 호는 소릉(少陵). 중국 당나라 때 최고의 시인으로 시성(詩聖)이라 불렸다.
9) 안사의 난: 중국 당(唐)나라 때 755년부터 763년까지 안록산(安祿山)과 사사명(史思明) 등이 일으킨 반란.

洗兵館 세병관

　그래서 결국 세병관은 전쟁을 대비하고자 지어진 건물임에도 오히려 평화를 갈망하는 상징의 건물이 되었다. 전쟁을 겪지 않게 해 달라는 염원과 전쟁에 대비하자는 속뜻을 세병관 현판으로 담아낸 우리 조상들의 지혜를 생각해 본다.
　세병관 현판은 우리나라에서 현존하는 가장 큰 현판으로, 글씨를 자세히 보면 매우 웅장하여 글씨를 쓴 장군의 힘에 압도당하는 느낌을 받는다. 그러나 단지 크다는 것에 압도당하는 것이 아니라, 글씨가 예스럽고 힘이 넘쳐 살아 움직이는 듯 통제사 서유대 장군의 기백에 억압당하는 기분이 들어 보는 사람들이 쉽게 움직이지 못한다.

세병마행(洗兵馬行)

이 시는 중국 당나라 때 시인 두보가 지은 시이다. 『杜少陵集(두소릉집)』 6권에 실려 있다. "건원(乾元) 2년(759년) 봄에 장안(長安)을 수복한 후 낙양(洛陽)에서 지은 것이다." 하였다. 세상이 평화로워 하늘에 있는 은하수의 물에 무기를 씻어 두고 영원히 쓰이지 않기를 바라는 심정을 담았다. 국운(國運)에 대한 관심과 낙관적인 신념으로 충만한 감정을 표출하였다.

다음은 두보(杜甫)가 지은 시 작품이다

洗兵馬行(세병마행)- 병기와 군마를 씻으며10)

中興諸將收山東
중흥(中興)의 여러 장수들 산동(山東) 수복하니

捷書日報淸晝同
승전보가 매일 보고되어 대낮 같다.

*捷書(첩서) : 승리를 알리는 글.

---

10) 고문진보 제10권 행류(行類): 중국 주나라 때부터 송나라 때까지 고시(古詩)와 고문(古文)을 모아 엮은 책, 전집 10권, 후집 10권의 총 20권으로 구성. 황견(黃堅)이 편찬한 중국의 시선 문집.

하 광 전 문 일 위 과
河廣傳聞一葦過
황하(黃河)가 넓다고 들었지만 갈대배로 건너가니

*一葦(일위): 한 갈대란 뜻으로 작은 배를 이르는 말이다. 곽자의 등 여러 장수들이 황하를 건너 안록산(安祿山)을 공격하여 위주(衛州)를 신속하게 수복하였음을 말한 것이다.

호 위 명 재 파 죽 중
胡危命在破竹中
오랑캐의 위태로운 운명 파죽지세(破竹之勢)에 놓였구나.

지 잔 업 성 불 일 득
祗殘鄴城不日得
단지 업성(鄴城)이 남아 있으나 하루도 못 되어 점령할 것이니

*鄴城(업성): 삼국시대 위(魏) 나라 수도. 지금 하남성 임장현(河南省臨漳縣)에 있음.

독 임 삭 방 무 한 공
獨任朔方無限功
오직 삭방(朔方) 절도사의 무한한 공이다.

*삭방절도사: 곽자의(郭子儀)를 가리킨다.

경 사 개 기 한 혈 마
京師皆騎汗血馬
장안의 병사들 모두 한혈마(汗血馬) 타고

회 흘 위 육 포 도 궁
回紇餧肉葡萄宮
회흘(回紇) 병사도 포도궁(葡萄宮)에서 고기를 먹었다오.

*회흘(回紇)이 곽자의를 도와 안사(安史)의 난을 평정하였기 때문에 포도궁에서 잔치를 베풂.

이희황위청해대
已喜皇威淸海岱
황제(숙종)의 위력은 바다와 큰 산을 깨끗이 하듯 소탕하니

상사선장과공동
常思仙仗過崆峒
항상 황제의 행차가 공동산(崆峒山) 지나간 것을 생각하노라.

*崆峒山(공동산): 전설상의 산으로 감숙성(甘肅省) 또는 하남성 임여현(河南省臨汝縣)에 있다고 함.

삼년적리관산월
三年笛裏關山月
삼 년 동안 피리로 관산월 노래를 듣고

만국병전초목풍
萬國兵前草木風
만국(萬國)의 군사 앞에 초목들 바람에 날리네.

성왕공대심전소
成王功大心轉小
성왕(成王)은 공이 크나 마음은 겸손하고

*成王(성왕): 당(唐)나라 숙종(肅宗)의 큰아들로 광평왕(廣平王)에 봉해지고 곽자의(郭子儀)와 함께 동경(東京)을 다시 찾은 공로로 초왕(楚王)이 되었다가 다시 성왕(成王)이 되었다.

곽상모심고래소
郭相謀深古來少
곽상(郭相)의 깊은 책략은 예로부터 드물었다오.

*郭相(곽상): 곽자의(郭子儀).

사도청감현명경
司徒淸鑒懸明鏡
사도(이광필)의 안목은 밝은 거울처럼 맑고

*司徒(사도): 이광필(李光弼)이다. 숙종(肅宗) 때 절도사(節度使)가 되어 안사의 난을 평정함으로써 곽자의(郭子儀)와 같이 이름을 떨쳤다.

상 서 기 여 추 천 향
尙書氣與秋天香
상서(왕사예)의 기개(氣槪)는 가을하늘처럼 향기롭네.

이 삼 호 준 위 시 출
二三豪俊爲時出
두세 명의 호걸들이 때를 타고 나타나

정 돈 건 곤 제 시 료
整頓乾坤濟時了
천지를 정돈하고 세상을 구하였네.

동 주 무 부 억 로 어
東走無復憶鱸魚
동쪽으로 달려가 다시 농어를 생각할 필요 없고
*세상이 태평하여 장한(張翰)처럼 고향으로 돌아가려는 사람이 없음을 말함.

남 비 각 유 안 소 조
南飛覺有安巢鳥
남쪽으로 날아가도 편안한 둥지가 있도다.
*군대에 와서 공을 세운 자들이 고향으로 돌아가 편안히 산다는 것을 비유한 것이다

청 춘 복 수 관 면 인
靑春復隨冠冕入
푸른 봄에 다시 황제를 따라 궁전으로 들어오니
*冠冕(관면): 벼슬

자 금 정 내 연 화 요
紫禁正耐煙花繞
황실에 벼슬하는 것을 이르는 말

*紫禁(자금) : 황제(黃帝)가 거처(居處)하는 곳.

학 가 통 소 봉 련 비
鶴駕通霄鳳輦備
태자의 수레는 밤새도록 가마를 준비하고

*鶴駕(학가): 태자(太子)가 타는 수레로 태자(太子)를 가리키는 말로 쓰인다.
*鳳輦(봉련): 봉황(鳳凰)을 장식(裝飾)한 임금이 타는 가마.

계 명 문 침 용 루 효
雞鳴問寢龍樓曉
닭이 울면 문안하러 새벽에 용루문(龍樓門) 나선다오.

*龍樓(용루): 태자궁(太子宮).

반 용 부 봉 세 막 당
攀龍附鳳勢莫當
훌륭한 제왕을 만나 얻은 위세 막대하니

천 하 진 화 위 후 왕
天下盡化為侯王
천하 사람들 모두 제후와 왕이 된듯하네.

여 등 기 지 몽 제 력
汝等豈知蒙帝力
그대들은 어찌 황제로부터 은혜를 입은 것을 알겠는가

시 래 부 득 과 신 강
時來不得誇身強
때가 왔다고 자신이 강하다고 자랑하지 마오.

관 중 기 류 소 승 상
關中既留蕭丞相
관중에는 이미 소승상(蕭丞相)이 머무르고

*소승상(蕭丞相): 소하(蕭何).

막 하 부 용 장 자 방
幕下復用張子房
군막에서는 다시 장자방을 쓰고 있네.

*자방(子房): 장량(張良)의 자(字)로, 장호(張鎬)를 한(漢) 고조(高祖)의 참모 장량(張良)에 비유함.

장 공 일 생 강 해 객
公一生江海客
장공은 일생을 강과 바다로 떠다닌 나그네로

*장공(張公): 장호(張鎬).

신 장 구 척 수 미 창
身長九尺鬚眉蒼
키가 구 척이며 수염과 눈썹 검푸르다네.

정 기 적 우 풍 운 회
征起適遇風雲會
부름받고 나오니 마침 바람과 구름을 만났으며

부 전 시 지 주 책 량
扶顚始知籌策良
넘어지던 나라 일으켜 세워 비로소 계책이 훌륭함을 알게 되었네

청 포 백 마 갱 하 유
靑袍白馬更何有
푸른 옷에 백마 탄 자 다시 어찌 있겠는가?

*靑袍白馬(청포백마): 안록산(安祿山)을 비유한 말.

후 한 금 주 희 재 창
後漢今周喜再昌
후한이나 후주와 같이 다시 창성하니 기쁘기만 하네.

촌 지 척 천 개 입 공
寸地尺天皆入貢
작은 영토 가진 모든 나라 조공을 바치고

<small>기 상 이 서 쟁 래 송</small>
奇祥異瑞爭來送
기이한 상서로운 것을 다투어 보내오네.

<small>부 지 하 국 치 백 환</small>
不知何國致白環
알지 못하겠다 어느 나라에서 흰 옥고리를 바쳤는지

*白環(백환): 흰 옥고리.

<small>부 도 제 산 득 은 옹</small>
復道諸山得銀甕
다시 여러 산에서 은항아리를 얻었다고 말한다.

*銀甕(은옹): 은(銀)으로 만든 주기(酒器)인데, 상서로운 물건으로 세상이 태평하면 나타난다고 한다.

<small>은 사 휴 가 자 지 곡</small>
隱士休歌紫芝曲
은사(隱士)들은 자지곡(紫芝曲) 노래하지 않고

*紫芝曲(자지곡): 사호(四皓)가 지어 부른 가사로 진(秦)나라의 폭정을 피해 상산(商山)에 숨어 살았으나 한(漢) 고조(高祖)의 부름에 응하지 않고 이 노래를 불렀다 한다.

<small>사 인 해 찬 하 청 송</small>
詞人解撰河淸頌
문인(文人)들은 하청송(河淸頌)을 풀어 짓네.

*河淸頌(하청송): 세상이 태평하여 황하(黃河)가 맑아지는 상서로움이 나타남을 칭송한 글.

<small>전 가 망 망 석 우 건</small>
田家望望惜雨幹
농가에서는 바라고 바라며 빗물이 말라버린 것을 애석해하고

포곡처처최춘종
布穀處處催春種
뻐꾹새는 곳곳에서 봄에 파종하기를 재촉하네.

기상건아귀막라
淇上健兒歸莫懶
기수(淇水)가의 건아들 집으로 돌아가는 것을 게을리하지 말라

*淇上(기상): 상주(相州)의 기수(淇水) 가를 말하는 것으로 사사명(史思明)의 잔당들이 이곳에 주둔하고 있는 것을 말한 것이다.

성남사부수다몽
城南思婦愁多夢。
성 남쪽 지방의 부인들은 그리워하며 시름에 쌓여 꿈이 많다네.

안득장사만천하
安得壯士挽天河
어찌하면 힘센 장사를 얻어 은하수 물을 끌어다가

정세갑병장불용
淨洗甲兵長不用
갑옷과 무기를 깨끗이 씻어 길이 쓰지 않게 할 수 있을까?

요구하면 반드시 응답한다

有求必應 유구필응

정명수(鄭命壽)

충청북도 제천시 수산면 옥순봉로12길 165

「妙臂菩薩所問經묘비보살소문경」[11])에 '聖心不間 有求必應'이라는 구절이 있다. 뜻은 이러하다. '지극한 마음이 끊이지 않고, 구하는 것이 있으면 반드시 응답이 있을 것이다.'로 해석되는 불교 경구(警句)이다. 나약한 인간들의 바람을 담은 기도로 이보다 더 좋은 말은 없을 것이다. 즉, '요구하면 무엇이든지 반드시 들어준다'는 뜻으로, 우리나라뿐만 아니라 중국에서도 이 경구는 더 많이 유행되고 회자되었다. 지금도 중국의 이름난 건축물에서 현판이나 주련으로 쉽게 찾아볼 수 있다.

우리나라에서도 두 곳에 이 경구가 현판으로 걸려 있다. 하나는 충청북도 제천시 수산면에 위치한 정방사(淨芳寺)라는 사찰에 있다. 주법당인 원통보전에 걸려 있고, 또 하나는 인천광역시 중구 북성동에 위치한 의선당에 걸려 있다.

정방사 〈有求必應유구필응〉 현판은 주법당인 원통보전 건물에 걸려 있는데, 원통보전은 대체로 관음보살을 모시는 사찰전

---

11) 「妙臂菩薩所問經묘비보살소문경」: 수바가라(輸波迦羅)가 한역한 『소바호동자청문경(蘇婆呼童子請問經)』의 이역본이다. 산스크리트경명(梵語經名)은 Subāhuparipṛcchā이고, 티벳어경명(西藏語經名)은 Hphags pa dpuṅ bzaṅ gis shus pa shes bya baḥi rgyud이다. 줄여서 『묘비소문경(妙臂所問經)』이라 한다. 중국 북송(北宋)시대에 법천(法天)이 973년에 부주(鄜州)의 포진(浦津)에서, 혹은 988년에 한역하였다. 주석서는 없으며, 이역본으로 수바가라(輸波迦羅, Śubhakarasiṁha), 즉 선무외(善無畏)의 『소바호동자청문경(蘇婆呼童子請問經)』이 있다.

각으로, 정방사도 이 관음보살을 모셨다. 관음보살(觀音菩薩)이란, 관세음보살(觀世音菩薩)의 줄임말로 불교에서 가장 대중적으로 알려진 보살이다. 중생들을 위험으로부터 구제해준다는 보살로 세상 모든 것을 살피시는 분이다. 우리들에게 가장 친숙하며 널리 숭상되고 있다. 세상의 모든 중생이 해탈할 때까지 자신은 부처가 되지 않겠다고 선언한 것으로 알려져 있으며, 아미타불의 현신이라고 한다. 관음보살의 공덕과 기적은 「관음경」, 「법화경」 등 많은 불교 경전에서 찾아볼 수 있다. 관음보살의 형상은 머리에 보관을 쓰고, 손에는 버드나무 가지 또는 연꽃을 들고 있으며 다른 손에는 정병을 들고 있다. 그리고 이마 위 보관에 아미타불을 모시고 있으며, 언제나 자비로워 '중생의 어머니' 같으신 분으로 아름다운 여인의 모습을 하고 있다.

우리나라에서는 관음신앙이 주로 중생들의 현실적인 이익을 해결해주는 현세적인 성격을 띠고 있어, 세상을 구제한다는 보편적인 구제신앙으로 자리 잡았다.

따라서 이런 구제신앙의 대표격인 관음보살을 모신 정방사 원통보전에 〈有求必應유구필응〉이라는 현판이 걸려 있는 것은 어찌 보면 당연하다고 볼 수 있다. 현판 글귀의 뜻대로 관음보살님이 반드시 당신의 소원을 들어준다는 것으로 해석된다. 즉, 원통보전의 관음보살이 언제나 요구하면 반드시 들어주신다는 의미이다.

정방사 주법당인 원통보전에는 별나게 현판이 셋이나 있다. 첫째는 〈淨芳寺정방사〉라는 사찰 이름 현판이고, 둘째는 〈圓通寶殿원통보전〉이라는 건물 이름의 현판이다. 그리고 셋째는 〈有求必應유구필응〉이라는 현판인데, '구하면 반드시 응답한다'라는 뜻으로, 이곳에 모셔진 관음보살님이 반드시 소원을 들어준다는 현판이다. 하나의 건물에 현판이 셋이나 있는 것도 드물지만, 현판들이 서로 연결되어 조화를 이루는 것도 매우 특이하다.

〈有求必應유구필응〉이라는 멋진 현판을 달고 있는 정방사(淨芳寺)는 관세음보살을 주불로 모시고 있는 곳이다. 충청북도 제천시 시도유형문화재로 지정되어 있는데, 주불인 관음보살상은 도난당했다가 2017년 4월에 다시 찾아왔다. 이 보살상은 1689년(숙종 15년)에 아미타불의 협시보살로 조성된 것으로 추정하고 있다.

정방사의 창건 유래에 관한 기록은 『여지도서輿地圖書』[12])에 잘 나타나 있는데, '基是神僧義相之所占云(기시신승의상지소점운)'이라는 기록이 있다. '이곳은 신령스러운 스님 의상이 점지한 곳이라고 말한다'라는 뜻이다.

그리고 또 『여지도서輿地圖書』에 '有上中下三菴, 中下二菴處地

---

12) 『여지도서輿地圖書』: 1757년(영조 33년)~1765년(영조 41년)에 전국 각 읍에서 편찬한 읍지를 모아 완성한 전국 읍지(邑誌)로.

稍平夷, 上菴則在最高峰後有絶壁라 기록되어 있는데, '이곳의 상·중·하에 세 개의 암자가 있었으나, 중·하의 두 암자는 이미 폐사되고 상암만이 가장 높은 봉우리 절벽에 남아있다'라는 뜻이다.

이 기록이 뒷받침하듯 의상대사가 정방사 창건과 밀접한 관계가 있는 것으로 보인다.

일설에 의하면, 절터를 찾던 의상대사가 하늘을 향해 지팡이를 던졌는데, 그 지팡이가 이곳에 날아와 꽂혔다. 그래서 절을 짓게 되었다고 한다.

〈有求必應유구필응〉 현판의 글씨는 은초(隱樵) 정명수(鄭命壽)13) 선생이 썼다.

누구나 소원을 들어준다는 현판을 보기 위해 정방사를 찾아가는 것도 나름 그 의미가 있지만, 무엇보다 절을 등지고 바라보는 눈앞의 풍광이 정말 일품이다. 아스라이 넘실대는 산 능선들과 그 아래 반짝이는 시원한 호수의 풍경이 손에 잡힐 듯

---

13) 정명수(鄭命壽): 1909년~1999년. 경남 진주 태생으로 진주농고를 졸업하고 진주시에서만 활동한 서예가이다. 대한민국미술전람회(국전)에 입선하고 평생 서예만 매진하였다. 당시 최고의 서예가 성파(星坡) 하동주(河東州) 선생에게 서예를 배워 추사체를 익혔다. 정몽주(鄭夢周)를 추모하기 위해 지은 비봉루의 현판을 썼다. 그리고 진주성의 〈남장대〉, 〈서장대〉, 〈북장대〉, 해인사의 〈구광루〉와 정방사의 〈유구필응〉등 전국의 여러 곳에 글씨를 남겼다. 추사체의 맥을 이어 온 한국 서예계의 거목으로 평가받고 있다.

펼쳐진다.

이런 풍광만 보고와도 정방사 관음보살이 나에게 반드시 응답한 것이 아닐까?

비단에 수를 놓은 듯 아름다운 충북 제천 금수산(錦繡山) 자락에 맑고 향기롭다는 뜻을 가진 정방사(淨芳寺)가 있다. 가파른 바위 절벽 중턱 좁은 터에 자리 잡은 사찰은 이름만큼이나 독특하고 운치가 넘친다. 신라시대 의상대사가 창건했다고 전해지며 원통보전, 범종각, 지장전, 나한전, 요사 등의 절간이 절벽에 매달린 듯 아슬아슬하게 놓여있다. 바위를 건물 안으로 들여와 부처를 새긴 지장전과 섬세한 조각이 돋보이는 목조관음보살, 해수관음보살 등 소소한 볼거리도 많다. 무엇보다 절을 등지고 바라보는 전면 풍광이 일품이다. 머리 위로 하늘이 드넓게 열렸고 고개를 내리면 월악산 등 아스라이 산 능선들이 넘실대며, 산자락 아래엔 청풍호가 손에 잡힐 듯 펼쳐진다. 특히, 해넘이는 어느 곳보다 더 아름답고 한다. 화려하지도 크지도 않은 절은 이 모든 것들이 어우러져 방문객들의 발길이 끊이지 않는 곳이 되었다.

본전인 원통보전에는 유구필응(有求必應)이라고 적힌 현판이 걸려 있어, 자연이 준 즐거움과 함께 '구하면 반드시 이루어진다'는 선물과 깨달음도 얻어 갈 수 있는 곳이다.

淨芳寺정방사　圓通寶殿원통보전

의선당義善堂의 유구필응有求必應

인천광역시 중구 차이나타운로 34

　의선당(義善堂), '의롭고 착하게 살자'라는 뜻을 지닌 건물이다. 인천광역시 중구 북성동의 차이나타운 안에 있다. 이 건물은 우리나라에 거주하는 화교들의 집회소이기도 하다. 처음에는 불교 사찰로 세웠는데, 건물의 형태가 불교 사찰과는 사뭇 다른 형태를 띠고 있다. 도교 사원 양식이고 건물 안에 모셔진 신들도 도교와 관련된 신들이 대부분이다.

　의선당(義善堂)은 중국 사람들이 세운 사원으로 1893년경 건립된 것으로 알려져 있다. 이후 1980년대는 쿵푸무술 도장으로 잠시 활용되었다가 1990년대 들어서 무술 도장은 폐관되었고 다시 2006년에 국내에 거주하는 화교들의 모금과 중국 정부의 지원으로 대대적인 수리를 거쳐 현재까지 화교들의 구심체 역할을 하는 사원으로 사용되고 있다.

의선당은 절이라고 하기에는 애매하다. 건물 앞마당에 석탑이 있기는 하지만, 건물 안에 모셔진 신들은 불교와 관련이 없는 도교와 관련된 신들이 대부분이다. 의선당이 신들의 집합체 역할을 하게 된 연유는 다음과 같다.

1882년(고종 19년)은 임오년이다. 이 임오년에 큰 역사적 변란이 있었는데, 바로 임오군란이다. 임오군란은 우리나라 역사에서 가장 굴욕적인 사건이라 말해도 비판할 사람은 아무도 없을 것이다.

1882년 임오년 조선에 군란이 발생하자, 조선정부는 청나라에 군대를 파병하여 진압해 줄 것을 요청하였다. 이에 청나라에서는 해군제독 오장경(吳長慶)을 대장으로 삼아 4,500명을 파견하였다. 조선에 들어온 오장경 군대는 서울로 들어와 용산에 진을 치고 군란을 진압했다. 이때 오장경 군대를 따라 청나라 상인 40여 명도 조선으로 들어왔는데, 군란이 진압된 이후에도 돌아가지 않고 우리 땅에 남아 조선인을 상대로 장사를 하면서 정착하게 되었다. 이들이 바로 화교(華僑) 1세대이다.

1876년(고종 13년) 조일수호조규(일명:강화도조약)에 의하여 인천항이 서울과 매우 가깝다는 이유로 강제 개항되었다. 이 개항 이후 임오군란으로 들어 온 40여 명의 중국인 수가 점차 늘어나기 시작하여 1890년대에는 1,000여 명으로 급증하였고, 하나의 집단을 이루게 되었다. 당시 조선에 정착한 중국인의 대부분은 산동(山東)지방 출신이었다. 이들은 주로 고향 산동과 가까운 인천에 머물렀는데, 이런 이유로 인천이 화교의 중심지이자 우리나라 화교의 출발점이 되었다.

고향을 떠나 조선의 인천에 정착한 화교들은 낯선 타국에서의 어려운 생활과 자기 자신과 가족들의 안녕을 빌기 위한 구심점이 필요하게 되었다. 이 구심점이 바로 의선당이다.

이렇게 탄생한 의선당은 화교들의 토속신앙을 유지하고 무사 안녕을 비는 종교의 중심지가 되었는데, 화교의 수가 부쩍 많아짐에 따라 서로 다른 신앙을 가진 사람들을 모두 포용해야 하므로, 시작은 불교사원으로 출발하였으나 형편상 여러 신을 모시는 다종교의 사원으로 변형되었다. 여기 사원에서 모시는 신은 다섯이다. 호삼태야(胡三太爺, 물의 신), 사해용왕(四海龍王, 바다의 신), 관음보살(觀音菩薩, 불교의 보살), 협천대제(協天大帝, 관운장), 낭랑(娘娘, 도교의 여신)이다. 이와 같이 의선당에 모신 신앙의 대상은 불교, 도교, 민간신앙 등을 아우르는 다종교의 성격을 띤다. 이는 종교가 다른 화교들의 화합을 도모하고자 한 것이다. 그래서 이 사당의 이름도 '서로 의롭고 착하게 협력하며 살자'라는 뜻을 지닌 "의선당(義善堂)"이란 이름을 갖게 되었다. 아직도 화교들은 이곳에서 소원을 빌고, 중국 명절 때는 축제를 열기도 한다.

의선당(義善堂)은 여러 신을 모신 사당이라 이곳에는 많은 현판이 걸려 있다. 현판의 뜻과 의미도 사당에 모신 여러 신의 특색에 맞게 다양하다. 이중 특히 눈에 띄는 현판이 하나 있다. 〈有求必應유구필응〉, 즉 '구하면 반드시 들어 준다'는 뜻이다. 중국인들이 가장 좋아하고 사랑하는 현판 문구이다. 고향을 떠나 타국에서 차별을 받는다고 느낀 화교들은 그들의 소원이 무엇이든지 들어준다는 불교의 경구를 현판에 담았다. 그리고 관음보살이 모셔진 이곳 의선당에 당당히 걸고 빌었다. 현판도 검은색 바탕에 금색 글씨라서 더욱 도드라진다. 뜻에 어울리는 매우 고급스러운 현판이다. 이 현판의 제작연대는 중화민국 80년(1991년)으로 표기되어 있다. 앞서 소개한 제천의 정방사 현판 〈有求必應유구필응〉과 뜻이 똑같은 현판이다. 이와 같이 불교 경구는 중국뿐만 아니라 우리나라에서도 현판으로 제작하여 사찰의 관음보살전에 걸고 많은 사람이 오가며 볼 수 있게 하였다. 이는 단순한 현판이 아니라 신앙의 대상으로 존재가치가 격상된 것이다.

義善堂의선당

우국충정을 품은 현판

七柳軒 칠류헌

오세창(吳世昌)

경상북도 봉화군 춘양면 서동길 21-19

국가 중요민속문화재 제279호 만산(晩山)고택은 경북 봉화군 춘양면 의양리에 있다. 조선 말기 통정대부와 중추원 의관 그리고 도산서원장을 지낸 만산(晩山) 강용(姜鎔)14) 선생이 1878년(고종 15년)에 3여 년의 공사 끝에 완공한 고택이다. 현재까지 5대에 걸쳐 후손들이 거주하고 있다. 강용 선생은 을사늑약 후 벼슬을 버리고 낙향하여 이 집을 짓고 여생을 후진 양성에 힘을 쏟았다. 아들·손자도 독립운동가로 이름을 날렸다.

행랑채의 솟을대문은 당상관 이상 벼슬아치만이 세울 수가 있는데, 이 집 정면에 솟을대문이 있다. 이를 보아 당상관 벼슬을 배출한 집안임이 틀림없다.

고택은 크게 다섯 동의 건물로 이루어져 있다. 전면에는 11칸의 긴 행랑채가 동쪽으로 자리하고 있으며, 그 한가운데에 솟을대문이 있다. 대문을 지나면 넓은 마당이 나오고, 건너편에는 사랑채가 우뚝하게 서 있으며, 그 뒤로 안채가 놓였다. 본채인 사랑채 오른쪽에는 서실이 있고, 왼쪽에는 담을 쌓아 구분한 별채 칠류헌(七柳軒)이 있다.

---

14) 강용(姜鎔, 1846년~1934년). 조선 말기 영릉참봉(英陵參奉), 통정대부(通政大夫), 중추원 의관(中樞院 議官), 도산서원장 등을 지냈다. 송서(松西) 강운(姜橒, 1772년~1834년)의 증손이며 이조참의(吏曹參議)를 지낸 백초(白樵) 강하규(姜夏奎, 1813년~1883년)의 아들이다. 을사늑약 이후 벼슬을 버리고 낙향하여 망국의 한을 학문으로 달래며 후배들을 길러내는 데 힘썼다.

晩山古宅만산고택 七柳軒칠류헌

　이 고택의 가장 큰 특징은 건물마다 현판이 붙어 있다는 것이다. 현판 박물관이라 해도 전혀 손색이 없을 정도로 많다.
　이 집의 많은 현판 중에 특히 눈에 띄는 현판이 하나 있는데, 〈七柳軒칠류헌〉이다. 주인 강용 선생의 뜻이 반영된 의미가 깊은 현판으로 위창 오세창 선생이 썼다.
　〈七柳軒칠류헌〉 현판의 '七柳(칠류)'는 두 가지의 의미를 담고 있다. 먼저, '七'은, 천지운세가 '월·화·수·목·금·토·일'로 순환하듯 조선왕조의 국운도 순환하여 회복되기를 바라는 간절한 염원에서 '七'이란 글자를 따온 것이며, '柳'는, 중국 남조시대 송나라 때 시인 도연명(365년~427년)이 자신의 집 주위에 충절을 상징하는 버드나무 다섯 그루를 심었다는 이야기에서 강용 선생 자신도 이곳으로 낙향하여 버드나무를 심고 나라를 사랑하는 마음을 다잡기 위해 따왔다고 한다. 이처럼 〈七柳軒칠류헌〉 현판은 기울어져 가는 나라를 걱정하는 만산 강용 선생의 심정과 나라의 국운이 되돌아오기를 바라는 희망을 품고 있는 의미 있는 현판이다. 이러한 의미를 안다면 분명 현판을 보는 사람들에게 우국충정의 마음을 다지게 할 것이다.

그리고 이 현판을 쓴 사람도 1919년 3.1만세운동을 주도한 민족대표 33인 중 한 사람인 위창 오세창(韋滄 吳世昌, 1864년~1953년) 선생이라 구국의 의미를 더 보태 준다. 당시 나라를 걱정하던 만산 선생과 손님으로 이 집을 드나들던 오세창 등 문사들의 교류가 어떠했는지 짐작하게 한다.

만산고택의 별당인 칠류헌은 강용 선생이 을사늑약 후 모든 관직을 버리고 낙향해 지은 별채이다. 사람들이 만산고택의 백미라고 일컫는다. 별채인데도 본채보다 더 큰 규모를 자랑하고 목재로 춘양목을 사용하여 생동감 있는 자연미를 뽐내면서 고택의 고풍스러움을 풍부하게 만들어 준다. 이렇듯 칠류헌은 건물의 자태도 웅장하고 빼어난 데다가 구국의 뜻이 있는 현판을 달고 있어 더욱더 장엄한 별채로 다가온다. 이곳에서 만산과 그 후손들이 선비들과 함께 학문을 논하거나 나라를 걱정하며 토로하였고, 국운이 반드시 회복되어 조국이 광복되기를 바랐던 공간으로 그 의미가 있다.

칠류헌을 별채로 두고 있는 만산고택은 현존하는 조선 말기 사대부 집안의 한옥 중에서도 최고 수준의 건축미를 자랑한다고 평가받고 있다. 건물마다 얼굴격인 현판을 달았고, 나라를 걱정하는 우국지사들이 모여 애국과 동지애를 끌어 올리던 곳으로 선비정신을 한층 드높게 한다. 지금도 그 후손이 거주하며 고택을 보살피고 있다. 이런 연유로 봉화를 방문하는 사람이라면 반드시 거쳐 가야만 하는 마지막 순례지로 자리한다.

현판 박물관 만산고택

만산고택은 지금도 건물을 세운 만산 강용 선생의 삶의 자취가 남아있는 생활 공간으로 존재한다. 이 고택이 특히 우리들의 주목을 끄는 이유가 있는데, 그것은 건물마다 현판이 걸려 있다는 데 있다. 다른 고택에 비해 많은 양의 현판이 걸려 있는 것도 특이하지만, 이 현판들을 쓴 인물들도 범상치 않다. 흥선대원군이 썼다는 〈晩山만산〉이나 영친왕이 썼다는 〈翰墨清緣한묵청연〉의 두 현판만 봐도 당시 만산 강용 선생과 왕실과의 관계가 얼마나 친밀했는지, 그리고 이 집안의 위상이 어떠했는지 짐작이 간다.

현판 박물관이라 불러도 손색이 없다.

晩山古宅만산고택

사랑채에 걸린 현판

〈晩山만산〉

글씨 홍선대원군, 〈晩山만산〉은 홍선대원군(이하응)이 강용 선생에게 '만산'이란 호를 지어주고, 또 친히 현판을 써 주었다. '대기만성(大器晚成)'을 뜻하며, 고택의 사랑채 전면에 걸었다.

〈靖窩정와〉

글씨 강벽원15), 조용하고 온화한 집이란 뜻으로 만산이 낙향하여 지은 아호이다.

〈存養齋존양재〉

글씨 오세창16), 본심을 잃지 않도록 착한 마음을 기른다는 뜻이다.

---

15) 강벽원(姜璧元): 1859년~1941년. 호는 소우(小愚), 경북 영주 출신. 평생 서예에 정진하여 여러 서체를 잘 썼다. 중국의 안진경과 미불의 서체를 독학으로 습득하였고 추사체도 홀로 터득하여, 독특한 서예의 경지를 이룩하였다. 1885년경 운현궁(雲峴宮)을 드나들면서 대원군(大院君)과 서도(書圖)를 나누었으며, 시·서·화(詩·書·畵) 삼절(三節)로 유명하다. 저서로는 서예 이론을 담은 〈노정서결蘆亭書訣〉이 있다.

16) 오세창(吳世昌): 1864년~1953년. 호는 위창(葦滄), 서울 출생. 조선 말기 중국어 역관이며 서화가·수집가였던 오경석(吳慶錫)의 장남이다. 서예가, 언론인, 독립운동가로 활동하였다. 서화협회가 결성될 때 13인의 발기인으로 참가하였으며, 민족서화계의 정신적 지도자로 활약하였다.

〈此君軒차군헌〉

    글씨 권동수[17], '此君차군'은 대나무를 예스럽게 부르는 말이다. 대나무를 사랑하는 선비의 집이라는 뜻이다.

---

17) 권동수(權東壽): 1842년(헌종 8년)~ ?. 호는 석운(石雲), 갑신정변의 주동자인 김옥균과 박영효 암살에 진력을 다하였다. 이후 독립운동에 투신하였고, 광복 후에는 남로당에 가입하여 활동하였다. 서예에 매우 능했는데, 그중에서도 행서와 전서에 뛰어났다.

서실에 걸린 현판

〈書室서실〉

글씨 권동수, 성현의 글을 읽는 방이라는 뜻이다.

〈翰墨淸緣한묵청연〉

글씨 영친왕,[18] 문필로 맺은 맑고 깨끗한 인연이란 뜻으로, 학문에 정진하라는 의미가 담겨 있다. 이 현판은 영친왕(이은)이 8세 때에 쓴 것이다.

---

18) 영친왕(英親王): 1897년~1970년. 이은(李垠), 고종의 일곱째 아들로 1907년 형인 순종이 즉위한 뒤에 황태자가 되었고, 1926년 순종이 죽은 뒤에는 왕의 지위를 계승했다. 1907년 일본으로 건너가 일본 왕족인 마사코(이방자)와 정략결혼을 하였다. 일본군대에 입대해 장성을 지냈다.

별채에 걸린 현판

〈七柳軒칠류헌〉

글씨 오세창, 요일이 순환하듯 언젠가는 국운이 회복될 것을 바라고, 집 앞에 버드나무를 심고 살았다는 도연명의 절개를 닮으려는 열망을 품은 현판.

〈魚躍海中天어약해중천〉

글씨 주희,[19] 물고기가 바다 가운데서 하늘로 뛰어오른다는 뜻으로, 인재가 세상에 나와 자신의 뜻을 펼친다는 의미이다.

〈白石山房백석산방〉

글씨 김규진,[20] 선비가 여유롭게 거처한다는 뜻으로, 백석산은 만산고택에서 보이는 태백산을 가리킨다.

---

19) 주희(朱熹): 1130년~1200년. 주로 주자(朱子)라 불린다. 주자학을 창시하였다. 〈논어〉, 〈맹자〉에 대하여 집주(集注)하여 자신의 철학적 사상을 완성하였다. 중국·한국·일본 등 동아시아 사회에 그의 사상이 아주 큰 영향을 미쳤다.

20) 김규진(金圭鎭): 1868년~1933년. 호는 해강(海岡), 어려서 외삼촌인 서화가 이희수(李喜秀)에게 글씨를 배웠고, 18세 때 중국으로 유학가서 글씨와 그림 공부를 하고 돌아왔다. 이후 왕세자인 영친왕의 스승이 되어 글씨를 가르쳤고, 1902년경 일본에 가서 사진 기술을 배워왔다. 서예의 각 체에 능통하여 전국에 현판 글씨를 많이 남겼다. 〈가야산해인사伽倻山海印寺〉, 〈보신각普信閣〉, 〈희정당대조전熙政堂大造殿〉 등이 있으며, 그림은 창덕궁 희정당의 〈총석정절경叢石亭絶景〉, 〈금강산만물초승경金剛山萬物肖勝景〉이 그의 대표작이다.

〈四勿齋사물재〉

글씨 한일동,21) '예가 아니면 보지도 말고, 듣지도 말며, 말하지도 말고, 행동하지도 말라'라는 〈논어〉의 네 가지 금지 덕목을 실천하자는 집이란 뜻이다.

---

21) 한일동(韓溢東): 1879년(고종 16년)~1951년. 호는 옥람(玉藍), 강원도 동해시 부곡동에서 태어났으며, 어려서부터 할아버지 춘사(春史) 한진유(韓鎭裕)에게 한학을 배웠고, 시서화를 독학으로 터득하였다. 1911년 평양에서 열린 현판 백일장에서 장원하여 부벽루(浮碧樓)의 뒷면 현판을 쓰게 되면서 강원도를 비롯한 함경도, 평안도 등지에 서예가로 이름을 알리게 되었다. 동해시 북평의 〈만경대萬景臺〉 현판도 그의 작품이다. 글씨는 한석봉체(韓石峯體)에 근간을 두고 그의 서풍을 완성하였다.

최초 어필 사액현판

紹修書院 소수서원

명종(明宗)

경상북도 영주시 순흥면 소백로 2740

경상북도 영주시 순흥면에 위치한 소수서원에 가면 임금이 직접 쓴 현판을 볼 수 있다. 〈紹修書院소수서원〉이라는 현판이다. 이 현판은 어필이라 문화재(경상북도 유형문화재 제330호)로 보호받고 있어 박물관에 보관되어 있다. 지금은 그 모사품이 건물에 걸려 있다. 현판을 자세히 보면, 명종어필이라는 글자가 보이고, 가정 29년 4월 선사(宣賜)라고 쓴 글자가 보인다. 이는 조선 제13대 임금 명종이 1550년(가정 29년)에 직접 글씨를 쓰고, 현판을 제작하여 하사했다는 내용이다. 즉 사액(賜額)을 받았다는 뜻이다. 따라서 소수서원은 조선시대 최초의 사액서원이 되었다. 사액서원(賜額書院)이라 함은 임금으로부터 서원현판을 하사받고, 서원에 필요한 책·노비·물자 등도 하사받아 국가로부터 인정받은 서원을 말한다.

소수서원의 사액은 퇴계 이황이 건의하여 이루어진 것으로, 주세붕이 세운 조선시대 최초의 서원인 백운동서원을 소수서원으로 사액 받은 것이다.

『조선왕조실록』과 『연려실기술』에 소수서원 사액에 대한 기록이 있다.

『명종실록』 10권(명종 5년, 1550년 2월 11일)
영의정 이기, 좌의정 심연원, 우의정 상진, 예조 판서 윤개, 예조 참의 서고(徐固)가 의논드렸다. "풍기(豊基)의 백운동서원(白雲洞書院)은 황해도 관찰사 주세붕(周世鵬)이 세운 것인데,

(주세붕이 풍기 군수(豊基郡守)로 있을 때 이 서원을 세웠다.) 그 터는 바로 문성공(文成公) 안유(安裕)22)가(이름이 향(珦)인데, 임금 이름과 같아 피하여 유(裕)라고 하였다) 살던 곳이고, 그 제도와 규모는 대개 주문공(朱文公)이 세운 백록동(白鹿洞)을 모방한 것입니다. 무릇 학령(學令)을 세우고 서적(書籍)을 갖추고, 전량(田糧)과 공급의 도구를 다 갖추어서 인재를 키워 낼 만합니다. 이황(李滉)이 병이 있어 고향으로 돌아가려 할 때, 임금님께 문서를 갖추어 아뢰니, 삼공과 해조에 명하여 의논하게 하였다. 편액(扁額)과 서적·토지·노비를 하사해 줄 것을 요청하였는데, 요청한 것 모두 다 내줄 수는 없으나, 편액과 서적 등 2~3건만이라도 특명으로 내려보낸다면, 먼 곳의 유생들이 반드시 고무되어 감격하고 기쁘게 일어날 것입니다. 토지는 주세붕이 마련해 준 것이 부족하지 않으니, 그대로 놓아두고 바꾸지 않는다면 비록 장획(臧獲, 노비)을 주지 않는다고 하더라도 심부름할 사람을 마련할 수 있을 것입니다."

領議政李芑, 左議政沈連源, 右議政尙震, 禮曹判書尹漑, 禮曹參議徐固議: "豐基 白雲洞書院, 黃海道觀察使周世鵬 所創立, (世鵬, 豐基郡守時, 創此書院) 其基乃文成公 安裕 (名珦, 避諱稱裕.) 所居之洞, 其制度規模, 蓋倣朱文公 白鹿洞之規也. 凡所以立學令置書籍, 田糧供給之具, 無不該盡, 可以成就人才也. 李滉 病將歸, 具辭啓聞, 故命議三公·

---

22) 안유(安裕): 1243년(고종 30년)~1306년(충렬왕 32년). 원나라에서 최초로 성리학을 도입한 학자.

該曹. 之請賜扁額, 書籍·土田·臧獲, 不可盡從, 而扁額及
書籍二三件, 特命下送, 則遠方儒生, 必鼓舞欣感而興起也.
土田則周世鵬措置, 不爲不足, 仍而不改, 雖不給臧獲, 使
喚之人, 出於其中."

이 『조선왕조실록』의 기록을 보면, 퇴계 이황이 건의하고, 의정부 및 해당 조정에서 의논하여 사액이 내려졌음을 알 수 있다.

『연려실기술燃藜室記述』23) 별집 제4권, 사전전고(祀典典故), 서원(書院)
우리나라는 옛날에는 서원이 없었으나 가정(嘉靖)24) 연간(1542년)에 주세붕(周世鵬)이 풍기 군수(豊基郡守)가 되었을 때, 풍기군의 속현인 순흥(順興)은 문성공(文成公) 안유(安裕)의 본관(本貫)이며, 살았던 옛터이므로 그곳에다 그의 사당을 창건하여 선비들이 몸을 닦는 곳으로 삼았는데, 곧 백운동(白雲洞)이다. 『후청쇄어』25)
이황(李滉)이 세붕을 이어 군수가 되어, 조정에 건의하여 송

---

23) 이긍익(李肯翊, 1736년~1806년)이 지은 조선시대 역사서로 조선시대 역사서 중에서도 매우 뛰어난 책이다. 객관적인 기사본말체(紀事本末體)로 기록되어 있고, 개인 의견이 조금도 가해지지 않은 사관(史觀)에 입각하여 어느 쪽으로도 치우치지 않은 공정한 필치로 기술되어 있다.
24) 중국 명나라 세종(世宗)의 연호, 1522년~1566년.
25) 『청강선생후청쇄어淸江先生鯖鯖瑣語』이다. 이 책은 이제신의 가문과 인척 및 동시대 명인의 일화를 주로 서술하였고, 조선의 풍속과 문물제도의 연혁, 그리고 그와 관련한 고사와, 명명·택묘·신주봉안에 얽힌 기이담을 곁들이고 있다. 46건으로 되어 있다.

(宋)나라의 고사에 따라 사액(賜額)한 것과 책을 내려줄 것, 그리고 토지와 노비를 내려줄 것을 청하였더니, 명종 5년에 소수서원(紹修書院)이라 사액하고, 또 신광한(申光漢)에게 명하여 기문(記文)을 짓게 하였다. 서원에 사액하는 것과 책을 내려준 것은 이것으로부터 시작되었다. 『명신록』26)

我國古無書院 嘉靖年間 周世鵬爲豊基郡守時 以本郡屬縣順興 乃安文成裕本貫 卽所居舊地創祠宇 就爲士子藏修之所 卽白雲洞也 「侯鯖瑣語」

李滉繼世鵬而爲邑守 轉聞于朝請依宋朝故事 賜額頒書且給土田臧獲 明宗五年賜額紹修 又命申光漢作文記之 書院賜額與書自此始 「名臣錄」

이 『연려실기술燃藜室記述』에서도 두 권의 책을 인용하여 소수서원의 창건 내력과 퇴계 이황이 조정에 건의하여 사액을 받게 된 사실을 기록하고 있다.

기록으로 살펴본 바와 같이, 풍기군수 주세붕이 1542년(중종 37년)에 우리나라에 최초로 성리학을 도입한 안향(安珦)을 추모하기 위해 순흥에 사우(祠宇)를 세우고, 다음 해 중국 송나라 때 주자의 백록동서원(白鹿洞書院)을 모방하여 백운동서원(白雲洞書院)을 세웠다. 그후 1549년(명종 4년) 풍기군수 퇴계 이황(李滉)의

---

26) 『명신록』: 조선 초기에서 17세기 중반까지의 명신들에 대한 기록을 모아 놓은 책.

紹修書院소수서원

　요청에 의해 〈紹修書院소수서원〉이라는 명종의 친필 사액(賜額)을 받아 우리나라 최초의 사액서원이 되었고, 사액서원의 시초가 되었다. 그리고 세계문화유산이라는 명성을 쥐고 있는 우리의 소중한 문화유산이 되었다.

　우리나라 최초로 서원에 내린 사액 〈紹修書院소수서원〉의 현판은 현재 소수서원 유물전시관에 전시되어 있다. 이 현판은 어필로서 품격을 높이기 위해 검은 바탕에 글자를 돋음하여 금칠을 하고, 테두리에도 꽃무늬가 화려하게 장식되어 있어 화려함의 극치를 이룬다. 이와 견줄만한 현판은 매우 드물다.

세계유산 서원(書院)

　세계유산(世界遺産/UNESCO World Heritage)이란, 유네스코에서 보존할 가치가 있다고 판단하여 지정하는 인류의 보편적인 문화유산 및 자연유산을 말한다.

　세계유산은 1960년 이집트의 누비아 유적이 사라질 위기에 직면하자 유네스코가 국제사회에 지원을 요청하였고, 세계 60개국에서 지원하여 누비아 유적을 지키게 되었다. 이를 계기로 국제사회에 문화 및 자연유산을 보존하자는 움직임이 일어나게 되었고, 1972년 제17회 유네스코 총회에서 세계의 문화유산 및 자연유산의 보호에 관한 조약(세계유산 조약)이 만장일치로 통과되었다. 최초로 미국의 옐로스톤 국립공원과 에콰도르의 갈라파고스 제도 등 12개의 자연유산 및 문화유산이 세계유산에 등재되었다. 이후 유네스코는 계속해서 세계유산을 발굴하고 등재하고 있다.

　우리나라의 세계유산은 15개이며, 북한의 2개까지 포함하면 한반도에는 총 17개의 세계유산이 등록되어 있다.

　조선시대 서원은 2019년 7월 제43차 유네스코 세계유산위원회에서 '한국의 서원'이란 이름으로 세계유산에 등재되었다. 한국의 서원은 "과거와 현재의 문화적 전통을 이어주는 특별한 증거"를 지니고 있다는 세계유산 등재 기준을 인정받아 세계유산이 되었다.

■ 우리나라 세계문화유산 목록

연번	명칭	지정연도	지역
1	석굴암과 불국사	1995	경주
2	합천 해인사 장경판전	1995	합천
3	종묘	1995	서울
4	창덕궁	1997	서울
5	수원화성	1997	수원
6	경주역사유적지구	2000	경주
7	고창·화순·강화 고인돌유적	2000	고창·화순·강화
8	조선왕릉	2009	서울·경기·강원
9	한국의 역사마을 하회와 양동	2010	경북
10	남한산성	2014	경기 광주
11	백제역사유적지구	2015	부여·공주
12	산사, 한국의 산지승원	2018	전국
13	한국의 서원	2019	전국
14	제주특별자치도 화산섬과 용암동굴	2007	제주
15	한국의 갯벌	2021	전국
16	고구려 고분군(북한)	2004	북한
17	개성역사유적지구(북한)	2013	북한

그리고 세계문화유산에 현존하는 서원으로 연속성을 가진 대표적인 9개의 서원이 등재되었는데, 이들 서원은 조선시대 16세기 중반부터 17세기 중반에 걸쳐 건립되었다. 전국 각지의 향촌에 거주하는 지식인들이 제사를 올리고 강학을 하는 교육 체계를 만들어 성리학의 가치가 담아내는 독특한 역사

전통을 간직한 공간으로 만들었다.

또 서원은 한국의 성리학과 연관된 문화적 전통에 대한 가장 중요한 증거가 된다. 등재된 9개 서원은, 소수서원(경상북도 영주시), 남계서원(경상남도 함양군), 옥산서원(경상북도 경주시), 도산서원(경상북도 안동시), 필암서원(전라남도 장성군), 도동서원(대구광역시 달성군), 병산서원(경상북도 안동시), 무성서원(전라북도 정읍시), 돈암서원(충청남도 논산시)이다.

서원은 중국으로부터 도입되어 우리나라의 사상의 근간을 이루는 성리학을 널리 보급한 교육기관으로 자리매김한 우리의 문화유산이다.

우리나라에서의 서원은 교육과 배향 그리고 상호교류라는 핵심적인 기능을 유지하였으며, 서원이 위치한 그 지역의 지식인이라 불리는 사림(士林)들이 이끌었다. 그래서 사림의 이해관계에 따라 건립되었고, 향촌을 중심으로 발전하고 번성하였다.

서원을 이루는 구성요소는 첫째, 선현과의 연관성, 둘째, 자연경관, 그리고 셋째, 성리학통이다. 이 세 가지의 요소가 서원을 구성하는 주요소이다.

서원에서 공부하는 학자들은 성리학과 문학을 공부했으며, 우주를 이해하고 이상적인 인간이 되기 위해 노력하였다. 그리고 학통의 스승을 제사 지내며 강한 학문적 계보를 형성했다. 나아가 서원에 근거한 다양한 사회정치적 활동을 통해 성리학의 원칙을 널리 보급하는 데 크게 기여하였다.

세계유산으로 등록된 9곳의 서원은 서원의 필수 공간 요소인 제향공간, 강학공간, 교류와 유식공간을 구성하는 각 건축물뿐만 아니라 서원이 처음 세워진 원래의 지형과 주변환경을 온전하게 유지하고 있으며, 지금도 서원의 형태와 구조 및 전통적 기법과 관리체계가 높은 수준을 유지하고 있어 세계유산으로서 완전성과 진정성을 그대로 보여준다.

■ 세계유산 〈한국의 서원〉 목록

연번	명칭	건립연도	대표배향	위치
1	소수서원紹修書院	1542년(중종 37년)	안향	경북 영주시
2	남계서원灆溪書院	1552년(명종 7년)	정여창	경상남도 함양군
3	옥산서원玉山書院	1572년(선조 5년)	이언적	경상북도 경주시
4	도산서원陶山書院	1574년(선조 7년)	이황	경상북도 안동시
5	필암서원筆巖書院	1590년(선조 23년)	김인후	전라남도 장성군
6	도동서원道東書院	1604년(선조 37년)	김굉필	대구광역시 달성군
7	병산서원屛山書院	1613년(광해군 5년)	류성룡	경상북도 안동시
8	무성서원武城書院	1615년(광해군 7년)	신잠	전라북도 정읍시
9	돈암서원遯巖書院	1634년(인조 12년)	김장생	충청남도 논산시

소수서원紹修書院 : 경북 영주시 순흥면 소백로 2740

　1542년(중종 37년)에 우리나라 최초로 건립. 1541년(중종 36년)에 풍기군수(豊基郡守) 주세붕(周世鵬)이 이곳 출신 유학자인 안향(安珦)을 배향하기 위해 사묘(祠廟)를 설립하였고, 이듬해 1542년에 유생 교육을 겸비한 백운동서원(白雲洞書院)을 설립한 것이 이 서원의 시초이다. 이후 1548년 풍기군수로 부임한 퇴계 이황(李滉)은 서원을 공인하고 널리 알리기 위해 조정에 백운동서원에 대한 사액(賜額)과 국가 지원을 요청하였다. 이에 1550년 '소수서원(紹修書院)'이라 사액을 받았고, 또 국가의 지원도 받게 되었다.

　건물의 기본 요소와 제향과 강학 관련 규정을 처음으로 수립하여 서원의 기준이 되었다.

남계서원灆溪書院 : 경남 함양군 수동면 남계서원길 8-11

1552년(명종 7년)에 건립.

문헌공 일두(一蠹) 정여창(鄭汝昌)의 학문과 덕행을 추모하기 위해 창건하였고, 남계서원이라 하였는데, 소수서원 다음으로 1566년(명종 21년)에 사액서원이 되었다.

강학 공간 뒤에 제향 공간을 배치하고 유식 공간까지 완벽하게 갖춘 전학후묘의 공간배치를 하였다.

옥산서원玉山書院 : 경북 경주시 안강읍 옥산서원길 216-27

1572년(선조 5년)에 건립.

영남학파의 정신적 지주로 추대된 회재(晦齋) 이언적(李彦迪)을 배향하는 서원으로서 교육 및 도서관 기능에 중점을 두었다. 조선시대 서원 건축의 대표 양식을 보여준다. 옥산서원 현판은 추사 김정희가 썼다.

1574년(선조 7년)에 '옥산(玉山)'이라는 이름으로 사액을 받았다.

도산서원陶山書院 : 경북 안동시 도산면 도산서원길 154

1574년(선조 7년)에 건립.

퇴계(退溪) 이황(李滉)의 학문과 덕행을 추모하기 위하여 1574년 지방 유림의 발의로 도산서당의 뒤편에 서원을 창건하여 이황의 위패를 모셨다. 1575년(선조 8년) 한석봉(韓石峰)이 쓴 '도산서원(陶山書院)'으로 사액을 받았다. 영남 유림의 정신적 지주 역할을 하고 있다.

사회와 정치에 영향을 많이 미친 서원으로, 서원이 학문과 학파의 중심으로 변화하는 과정을 보여준다.

필암서원筆巖書院 : 전남 장성군 황룡면 필암서원로 184

1590년(선조 23년)에 건립.

성리학자인 하서(河西) 김인후(金麟厚)를 기리기 위해 세웠다. 정유재란 때 소실된 것을 1624년(인조 24년)에 중건하였으며, 1662년(현종 3년)에 사액을 받았다.

평탄한 지형에 맞추어 강당과 기숙사가 사당을 바라보도록 건물을 배치하였다.

도동서원道東書院 : 대구 달성군 구지면 도동서원로 1

1604년(선조 37년)에 건립.

한훤당(寒暄堂) 김굉필(金宏弼)을 모시는 서원으로, 1568년(선조 원년)에 지방유림이 현풍현 비슬산 동쪽 기슭에 서원을 세워 쌍계서원(雙溪書院)이라 불렀는데, 창건 5년 뒤인 1573년(선조 6년)에 같은 이름으로 사액을 받았다. 하지만 임진왜란 때 소실되었다. 그 후 1604년에 지방의 사림들이 지금의 자리에 사당을 중건하여 보로동서원(甫老洞書院)이라 불렀다. 이후 1607년(선조 40년)에 '도동서원(道東書院)'이라 사액을 받았다.

자연과 조화를 이룬 서원의 특징을 대표한다. 비탈진 지형을 이용해서 낙동강을 바라보게 건물을 세운 건축 배치가 탁월하다.

병산서원屛山書院 : 경북 안동시 풍천면 병산길 386

1613년(광해군 5년)에 건립.

본래 이 서원은 고려 때 풍산현에 있던 풍악서당(豊岳書堂)이었는데, 1572년(선조 5년)에 서애(西厓) 류성룡(柳成龍)이 지금의 병산으로 옮겼다. 1607년 류성룡이 타계하자 정경세(鄭經世) 등 지방 유림의 공의로 선생의 학문과 덕행을 추모하기 위하여 1613년(광해군 5년)에 존덕사(尊德祠)를 창건하고 위패를 봉안하여 1614년 병산서원(屛山書院)으로 개칭하였다. 1863년(철종 14년)에 사액 받았다.

만대루는 2020년 국가 보물로 지정되었으며, 건물 자체의 아름다움과 함께 주변 자연과도 조화를 이루어 매우 뛰어난 서원의 대표 누각으로 평가받고 있다.

무성서원武城書院 : 전북 정읍시 칠보면 원촌1길 44-12

1615년(광해군 7년)에 건립.

통일신라 말의 유학자인 고운 최치원과 조선 중종 때의 태인 현감 신잠(申潛, 1491~1554)을 향사하기 위해 세운 서원으로, 원래는 태산서원이라 하였던 것을 1696년(숙종 22년)에 사액되어 무성서원이라 하였다.

지역의 학문 부흥과 성리학 전파에 힘쓴 서원이다. 향약의 바탕이 되었으며 근대 항일 의병의 근거지가 되었다.

돈암서원遯巖書院 : 충남 논산시 연산면 임3길 26-14

1634년(인조 12년)에 건립.

김장생(金長生)의 덕을 기리기 위해 건립하였다. 1660년(현종 1년)에 '遯巖(돈암)'으로 사액을 받았고, 이후 김집·송준길·송시열을 추가로 배향하였다. 성리학의 실천 이론인 예학 논의의 산실이며, 예학을 건축으로 표현한 강학당인 凝道堂(응도당)이 탁월하다. 흥선대원군의 서원철폐에도 살아남았으나, 1881년 침수피해로 인해 현재의 자리로 옮겨왔다.

성당에서 만난 현판

天主聖殿 천주성전

작자 미상

인천광역시 강화군 강화읍 관청길 27번길 10

우리나라에 현존하는 가장 오래된 전통 한옥 교회로 불리는 유명한 성당이 강화도에 있다. 우리들은 이 성당을 대한성공회 강화성당이라 부른다. 그리고 이 성당은 건축학도들의 건축물 순례에 필수로 들어간다. 그 이유는 한국 교회 건축의 역사와 철학이 뚜렷하게 담겨 있기 때문이다. 건축학도라면 반드시 찾아가서 봐야 할 역사적인 건축물이라는 뜻이다.

그런데 나는 이 성당 건축물의 구조와 역사보다는 전면에 달아놓은 현판에 더 눈길이 간다. '天主聖殿(천주성전)'이라는 현판을 성당의 예배당에 걸어놓은 것은 처음 보기 때문이다. 더구나 성당 건물에 현판을 달았다는 사실이 아주 독특하고 신선한 느낌을 준다.

성당을 찾아가는 길은 먼저 22개 돌계단을 오르면, 태극문양에 둥근 곡선의 성공회를 상징하는 십자가를 그려 넣은 솟을대문이 나온다. 대문을 열고 들어서면 문 뒤로 예배당이 나타난다. 그리고 예배당 건물 위를 보면 한자로 '천주성전(天主聖殿)'이라 쓰인 현판이 보인다. 현판 왼쪽 관지엔 1901년 6월이라는 날짜가 희미하게 보인다. 다시 건물 아래를 보면 겉모습은 한옥 양식이다. 꽃봉오리 모양의 한국식 십자가가 세워져 있고, 지붕 위 추녀마루엔 성당과는 어울리지 않는 용머리가 보인다. 이렇게 아주 특이한 구조의 예배당 건물임에도 역시 눈에 띄는 것은 천주성전(天主聖殿) 현판이다.

나는 성공회 강화성당의 현판을 보기 전까지는 우리나라 고

유의 현판을 단 성당 건물을 본 적이 없다. 처음으로 우리나라에 성당이나 교회가 전래 되었을 때는 우리의 전통적 건물인 한옥에 예배당을 세웠을 것이다. 그리고 그 건물에는 분명 우리의 전통 양식인 현판도 달았을 것이다. 하지만 지금까지 이런 형태의 예배당이 남아 있는 것은 아마도 이 성공회 강화성당이 유일하다. 정말 흥미롭다.

영국의 잉글랜드에서 시작된 성공회(聖公會)[27]는 천주교와 개신교의 중간쯤 되는 기독 교단이다. 그래서 성당이라 부른다. 강화도에 세운 이 건물도 어김없이 성당이라 부른다. 이 성당의 중심 건물인 천주성전(天主聖殿)을 보면, 우리나라에 들어온 초창기 서양 종교가 우리의 전통 건물 양식을 만나서 어떻게 변화가 되었는지 알려주는 대표적인 사례가 된다.

1889년(고종 26년) 영국에서 한국 초대 주교로 서품을 받고 온 찰스 존 코프(1843년~1921년, 한국명:고요한) 주교가 1896년(고종 33년)에 강화도에서 처음으로 한국 사람에게 세례를 준 것을 계기로, 1900년(대한제국 광무 4년) 11월에 대한성공회로서는 최초로 강화도에 이 성당을 완공했다. 그리고 이때 본당인 천주성전에 현판을 달았다.

이 성당은 국가지정문화재 사적 제424호로 지정되었으며, 본당인 천주성전은 40칸 규모의 크기이며, 약 250명이 함께 예

---

27) 성공회(聖公會): 그리스도교 중에서 가톨릭, 정교회에 이어 3번째로 교세가 크며 165개국에 교인이 있다. 한국의 성공회 교회는 대한성공회이다.

배를 볼 수 있을 정도의 예배당이다. 한옥 예배당으로서는 가장 큰 건물이다. 건축 공사는 경복궁 중수에도 참여하였던 도편수가 주도했다. 건축에 사용된 목재는 수령이 백 년이 넘는 백두산 소나무를 사용하여 더욱 고풍스럽고 웅장한 느낌을 준다. 우리나라 궁궐의 한 부속건물처럼 매우 잘 지어진 건물로 보이며, 건립 이후 몇 차례 보수가 있었지만, 대체로 처음 그대로의 모습을 지금까지 간직하고 있다.

본당인 천주성전은 팔작지붕을 얹은 한옥이지만, 내부공간은 전형적인 삼랑식(三廊式) 바실리카[28] 양식으로 지어 동서양의 정교한 만남을 연출하였다. 드러난 서까래나 대들보 등은 한국적 건축 양식을 잘 다듬었다는 인상을 준다.

이렇듯 강화성당은 건물 자체가 내부뿐만 아니라 외부에서도 우리의 전통과 서양의 조화가 계속해서 발견된다. 커다란 범종, 대문의 문양, 보리수나무 등은 토착화된 우리의 문화로 이 성당에서도 찾아볼 수 있다. 성당이 아닌 성전이라는 이름도 재미있다. 그리고 성당 정면의 커다란 현판 글씨와 기둥에 걸린 주련들도 우리의 토착문화이다.

건물 형태도 선교사들이 세상을 구원한다는 '방주'의 뜻을

---

[28] 바실리카 양식: 고대 로마의 시장과 법정을 겸비한 공공건물을 바실리카라고 하였다. 이러한 건축물의 건축 방식은 정방형의 평면 내부를 두 줄내지 네 줄의 기둥으로 가름으로써 중앙과 양측의 공간을 나누고 있다. 4세기 그리스도교의 공인 이후 교회가 건축되며 도입되고 발전하게 된 교회 건축 양식으로 서구성당의 기본이 되었다.

天主聖殿천주성전

나타내기 위해 배의 모양으로 지었다고 한다. 전체적인 건물 양식은 한국 전통 양식을 따랐고, 건물배치와 내부 구조는 서양식 바실리카 건축 양식을 응용했다. 조화의 아름다움 속에 서양 기독교의 토착화를 위한 그들의 간절한 마음을 엿볼 수 있다. 이것으로 볼 때, 서양 문화의 우월성을 내세우기보다는 우리나라의 전통문화 안에서 서양 교회의 전도를 펼치는 선교 활동을 하였다.

우리나라에서 가장 오래된 이 한옥성당은 여전히 우리들에게 변하지 않는 많은 이야기를 전하고 있다.

성당 본당인 예배당의 팔작지붕을 올려다보면 가장 먼저 '천주성전(天主聖殿)'이란 커다란 현판이 눈에 들어온다. 애석하게도 현판 어디에도 글씨를 쓴 사람의 표식이 없다. 그래서 누가 이 현판을 썼는지 알 수 없다.

대체로 교회 건물 명칭을 성당이나 예배당처럼 일반적으로 '당(堂)'이라 명명하지만, 이 성당의 현판은 '전(殿)'으로 썼다. '전(殿)'은 '당(堂)'보다 품격이 높은 건물을 의미한다.

팔작지붕의 용마루 끝에 처마기와를 올리지 않고 십자가를 올렸으며, 처마에는 '천주성전(天主聖殿)'이란 현판을 달았다. 또 4칸 벽면 기둥에는 연꽃무늬의 주련 현판을 걸었다. 성당에 주련을 걸다니 매우 인상적이다.

이처럼 성당을 당(堂)이라 하지 않고 전(殿)이라 부르는 것과 전면에 현판을 단 것 그리고 기둥에 주련을 걸어 놓은 것은 이 건물의 격을 높이고자 한 것이다. 분명하게도 이 천주성전이 경복궁 중수에 참여한 도편수와 목수들의 작품이라는 것이 증명되는 것이다. 우리나라 궁궐의 모든 전각이 현판을 달고 있는 것은 그 건물의 품격을 한층 더 높이기 위함이다. 그래서 궁궐에는 각양각색의 현판이 존재한다. 현판의 유무에 따라 품격이 달라진다는 것을 이 성당을 통해 알 수 있다.

이 강화성당은 동서양의 조화와 균형 그리고 성공회 정신이 오롯이 담겨 있어, 한국 초기 선교의 역사와 토착화된 교회 양식을 잘 보여준다. 앞으로도 원형대로 보존해야 할 책무가 우리에게 있다.

대한성공회 강화성당의 주련(柱聯)

　우리나라의 전통 한옥인 궁궐, 서원, 사찰, 고택, 정자 등에는 그 건물의 이름 격인 현판(懸板)을 달았고, 그 건물 기둥에는 경구나 시구를 쓴 주련(柱聯)을 붙였다. 현판은 대개 가로로 써서 달았고, 주련은 세로로 써서 붙였다. 주련(柱聯)은 그 건물을 드나드는 사람들이 항상 보고 마음에 새기는 문구로 교훈을 주는 내용이 대부분이다. 즉 그 건물의 성격이나 건물 주인이 표방하는 사상을 드러내기도 한다.

　강화도에 들어온 성공회 선교사들은 한국의 전통문화에 특별한 애정을 쏟았다. 특히 강화도의 역사와 문화, 유교, 불교, 토착신앙, 풍수지리 같은 전통 신앙에 관심을 보인 트롤로프 선교사가 이 성당의 건립을 주도하였다. 이런 까닭에 우리의 전통건물인 한옥으로 성당을 세우고 또 현판을 달았으며, 기둥에는 주련을 붙였다. 이 주련을 통해 유교, 불교 등 우리의 전통을 끌어안은 성공회의 집요함을 볼 수 있다. 주련(柱聯)은 다음과 같다.

無始無終先作形聲眞主宰(무시무종선작형성진주재)
宣仁宣義聿昭拯濟大權衡(선인선의율소증제대권형)
三位一體天主萬有之眞原(삼위일체천주만유지진원)

神化周流囿庶物同胞之樂(신화주류유서물동포지락)

福音宣播啓衆民永生之方(복음선파계중민영생지방)

내용은 모두 기독교의 성구를 담았다.

주련 1	주련 2	주련 3	주련 4	주련 5
無始無終先作形聲眞主宰	宣仁宣義聿昭拯濟大權衡	三位一體天主萬有之眞原	神化周流囿庶物同胞之樂	福音宣播啓衆民永生之方

대한성공회 강화성당의 주련

〈주련 1〉

無始無終　先作形聲　眞主宰
무시무종　　선작형성　　진주재

시작도 없고 끝도 없는데
형태와 소리를 먼저 만드니
진실로 주재자이시다.

무시무종 알파와 오메가이신 하나님은 보이는 형상과 보이지 않는 소리까지 태초에 먼저 지으시고 다스리시는 참 주재를 말한다.

〈주련 2〉

宣仁宣義　聿昭拯濟　大權衡
선인선의　　율소증제　　대권형

인과 의를 베풀고
마침내 구원을 밝히시니
큰 저울이다.

聿昭(율소)는 '스스로 밝히신다'의 뜻으로 義(의)에 해당하며, 拯濟(증

제)는 구원한다는 뜻으로 앞 구절의 仁에 연결된다. 큰 저울인 大權衡(대권형)과 같이 공평케 하시는 하나님은 사랑과 정의의 양면으로 의로운 자를 구원하고 불의한 자를 벌하셔서 세상을 공평하게 하신다. 의로 심판하고 인으로 구원하시는 하나님은 우주의 큰 저울과 같다.

〈주련 3〉
三位一體 天主 萬有之眞原
삼위일체　천주　만유지진원

삼위일체
하느님은
만물을 주관하시는 참 근원이시다.

기독교의 핵심이므로 중앙에 두었다. 조상과 뿌리를 중시했던 한국인에게 만물의 뿌리(근원)요 근본 조상인 하나님을 공경할 것을 전했다.

〈주련 4〉
神化周流 囿庶物 同胞之樂
신화주류　유서물　동포지락

성신의 감화가 두루 흘러
만물을 기르시니
동포의 즐거움이다.

창조론에 이은 성령론으로, 성신의 감화가 사방에 물처럼 흘러넘쳐 만물이 동산 안에 자라는 것이 동포의 즐거움이라고 말한다.

⟨주련 5⟩

福音宣播 啓衆民 永生之方
복음선파　계중민　영생지방

복음을 널리 전파하여
민중을 깨닫게 하니
영생의 방도이다.

다섯 번째 주련의 신자의 '복음선파'는 두 번째 주련의 천주의 '선인선의'와 연결되면서 인과 의를 선포하고 펴는 것이 복음 전도의 핵심이라고 말한다. 방(方)은 방책, 방법의 뜻이다. 대한제국이 위기에 처하자 많은 방술(方術)이 등장했다. 그러나 기독교는 구국 계몽과 영생의 길은 어떤 신비한 영약이나 부적이나 산속의 피난처에 있지 않고 예수 그리스도의 복음에 있다고 선포했다.

큰 별 바다에 지다

大星隕海 대성운해

박정희(朴正熙)

경남 남해군 고현면 차면리 산 125

경상남도 남해군 관음포의 이락사(李落祠)에 가면 대성운해(大星隕海)라는 현판글씨를 만날 수 있다. 이 현판글씨는 1965년 이곳을 방문한 박정희[29] 대통령이 썼다. 글씨가 힘이 있고 간결하다. 대성운해(大星隕海)란, "큰 별이 바다에 떨어지다."로 충무공 이순신(李舜臣) 장군이 이곳 관음포에서 순국한 것을 말한다. 대성운해(大星隕海)라는 편액은, 유허비를 보호하기 위해 세워진 비각에 걸려 있는 현판인데, 비각 건물에 참 잘 어울리는 글귀이다.

관음포 앞바다는 임진왜란의 마지막 싸움터로 노량에 속해 있다. 1598년 11월 19일 이른 아침에 이순신 장군은 직접 북채를 잡고 북을 두드리며, 도망치는 왜적을 무찌르다 적이 쏜 유탄에 맞아 숨을 거두었다. 장렬한 최후를 맞으며 "지금 전쟁이 한창이니 나의 죽음을 알리지 말라(戰方急 愼勿言我死)"고 유언하였다. 싸움이 끝난 뒤 충무공의 시신은 육지로 옮기게 되는데, 최초로 육지로 옮긴 곳이 바로 관음포이다. 이후 이 관음포에 사당을 세웠는데, 바로 이락사(李落祠)이다. 충무공이 돌아가신 지 234년 뒤인 1832년(순조 32년)에 충무공의 8대손인 제167대 수군통제사 이항권(李恒權)이 이순신의 순국을 기리기 위해 이곳에 충무공의 유허비를 세웠다. 이것이 이락사(李落祠)의 시초가 된다. 이 이락사를 중심으로 충무공을 흠모하는 사람들이

---

[29] 박정희(朴正熙, 1917년~1979년), 대한민국 5, 6, 7, 8, 9대 대통령, 재임기간 1963년~1979년

모여 제를 지내고 그의 넋을 기렸다. 이렇게 시간이 흐른 뒤 1950년에는 남해군민들이 돈을 모아 이락사의 정원과 참배로를 만들었고, 1965년 박정희 대통령은 이곳을 방문하여 "이락사(李落祠)" 현판과 "큰 별이 바다에 떨어지다"라는 "대성운해(大星隕海)"의 글씨를 쓰고 비각에 현판으로 걸었다. 그리고 1973년 4월에 이곳이 국가사적으로 지정되었다.

李落祠(이락사) 유허비

5.16 군사정변으로 정권을 잡은 박정희는 자신과 군사정권의 정당성을 확보하기 위해 우리나라 역사 인물 중에 이에 부합하는 상징적 인물로 충무공 이순신 장군을 찾아내고 그를 성역화하는 작업을 하게 되는데, 성역화의 결과물이 바로 충남

아산의 현충사 성역화이다. 현충사의 성역화 공사는 1966년에 시작하여 1967년에 완공되었다. 이에 앞서 박정희는 충무공 이순신 장군의 자취가 남아 있는 이곳 이락사를 방문하여 마을 사람들의 말을 듣고 사당과 유허비 비각에 걸맞는 글씨를 직접 써서 현판을 단 것이다. 이것이 대성운해(大星隕海)라는 현판이 비각에 걸리게 된 이야기이다.

충무공이 순국한 이락사 앞바다를 남해 사람들은 이락포(李落浦) 또는 이락파(李落波)라고 불렀다. 우리 민족의 큰 별인 이순신 장군이 바다에 떨어진 갯가를 이락포라 하고 이 포구의 파도를 이락파라고 했다. 이것으로부터 사당의 이름이 이락사(李落祠)로 지어지게 되었다. 이(李)는 이순신 장군을, 락(落)은 떨어지다 즉 죽음을 의미한다. 이순신이라는 큰 별이 떨어진 곳임을 알려주는 장소가 된다.

비각 안에 있는 유허비에는 '有明水軍都督朝鮮國三道水軍統制使 贈 議政府領議政諡忠武李公舜臣遺墟碑(유명수군도독 조선국 삼도통제사 증 의정부영의정 시 충무이공순신 유허비)'라고 적혀있다. 이 유허비는 1832년 명문가 출신으로 규장각 제학인 홍석주(洪奭周)가 글을 짓고, 예문관 제학 이익회(李翊會)가 썼다. 뒷면 내용 중에는 '옛 역사에 충신의사가 많지 않은 것은 아니나 충무공과 같이 위대한 사람은 이전에도 이후에도 없을 것이다'라는 구절이 있다. 이와 같이 이 비문에 충무공 이순신 장군의 위대함을 글로 표현해 놓았다.

　이락사에 갈 때마다 발걸음도 조심조심해지고 말소리도 조심조심해진다. 살아생전에 백성을 사랑했고, 부하를 아꼈고, 그리고 나라에 충성을 다하여 아무나 흉낼 수 없는 불세출의 영웅이 되었으니, 모든 것이 조심스러울 뿐이다.

　이순신 장군의 주검은 처음 이곳 이락사로 옮겨지고, 얼마 지나지 않아 다시 지금의 남해 충렬사 자리로 옮겨졌다. 그리고 다시 전남 완도군 고금도로 옮겨 갔으며, 이후 현재의 안식처인 충남 아산으로 옮기게 되었다.

　이순신은 정말로 우리 민족의 큰 별(大星)이다. 그래서 대성운해(大星隕海)라는 말이 진정으로 가슴에 와 닿는다.

　노량해전은 임진왜란 이후 1597년에 일으킨 정유재란의 마지막 해전이다. 이해 9월 명량에서 대패한 일본군은 육지에서도 고전을 하다가 도요토미 히데요시(豊臣秀吉)가 죽자, 그의 유언에 따라 순천 방향으로 집결하면서 점차 퇴각하기 시작하였다. 퇴각하는 일본군이 순천으로 모인다는 것을 안 이순신은 명나라 수사제독(水師提督) 진린과 함께 고금도 수군 진영을 떠나 노량 앞바다에 이르렀다. 이곳에서 1598년(선조 31년) 11월 18일부터 19일 이틀 동안 치열한 전투가 벌어졌다. 500여 척의 왜선에 맞서 200여 척의 조·명 연합군은 용감하게 싸워 왜선 200여 척을 격파하자 살아남은 왜선 50여 척이 관음포로 도주하였다. 이순신은 도주하는 적을 추격하다가 왜군의 흉탄을 맞고 쓰러졌다. 그러나 남은 병사들은 끝까지 분전하여 이 전투를 승리로 이끌었다. 이 해전에서 조선군도 많은 피해를 입었지만, 마침내 왜군을 끝까지 몰아내 길고 긴 임진년에 시작된 왜란을 끝낼 수 있었다.

노량해전

임진·정유재란의 마지막 해전으로 1598년(선조 31년) 11월 19일 노량 앞바다에서 이순신(李舜臣)이 이끄는 조선 수군과 일본 수군이 벌인 해전이다. 이 해전을 마지막으로 7년간 계속되던 소선과 일본의 임진왜란은 끝이 났고, 이순신도 이 해전에서 일본군이 쏜 유탄에 맞아 전사하였다.

1597년 정유재란으로 조선을 침략한 일본군은 도요토미 히데요시(豊臣秀吉)의 병사 소식을 듣고 조선에서 철군하게 되었다. 이때 철군 소식을 들은 이순신은 명나라의 수사제독(水師提督) 진린(陳璘)과 함께 철군의 퇴로를 차단하고 싸우기로 결정하였지만, 진린은 일본군 장수 고니시 유키나가(小西行長)로부터 뇌물을 받고 퇴로를 차단하지 말자고 하였다. 이에 맞서 이순신은 강경하게 반대하며 진린을 설득한 후 함께 일본군을 치기로 하였다.

고니시 유키나가는 경남 사천에 있던 시마즈 요시히로(島津義弘)와 남해의 소시라노부(宗調信)에게 구원을 청하였고, 그들은 전선 500여 척을 노량 앞바다에 집결시켰다. 그러자 이순신은 휘하 장병에게 명령을 내려 노량 앞바다로 진격해 쳐들어가 적선 50여 척을 격파하고 200여 명을 죽였다. 일본군은 이순신을 잡기 위해 그 배를 포위하고 달려들었으나, 진린의 공격을 받아 관음포(觀音浦)

방면으로 후퇴하였다. 이순신은 적선의 퇴로를 막고 이를 공격하여 격파하는 동시에 적에게 포위된 진린도 구출하였다.

　이 노량해전에서 400여 척을 잃은 일본군은 남해 방향으로 도망쳤는데, 이순신은 이들을 놓치지 않으려고 필사적으로 추격하였다. 이 추격전에서 이순신은 적이 쏜 유탄에 맞아 전사하였다. 이순신은 죽는 순간까지 자기의 죽음을 알리지 말라며 추격을 계속하여 적을 격파하라고 유언하였다. 이 때문에 전투에 참가한 조선군은 일본군을 끝까지 격파한 후에야 이순신의 전사 소식을 들을 수 있었다. 이 추격전에서 왜군은 또 50여 척의 전선이 격파당하고 50여 척의 남은 배를 수습하여 일본으로 도망쳤다. 이 전투에서는 이순신 외에도 명나라의 등자룡(鄧子龍), 조선 수군의 가리포첨사(加里浦僉使) 이영남(李英男), 낙안군수(樂安郡守) 방덕룡(方德龍), 흥양현감(興陽縣監) 고득장(高得蔣) 등이 전사하였다. 이 마지막 해전의 승리는 7년간 계속되던 일본과의 전쟁을 끝내는 데 중요한 역할을 하였다.

유허비문(遺墟碑文)

〈유명수군도독조선국삼도통제사증의정부영의정시충무이공순신유허비〉

남해현에서 바로 동쪽으로 20리에, 바닷물이 넘실거리는 곳이자, 전쟁에 필요한 배들이 출입하고 있는 그 땅을 이름하여 관음포라고 하는데, 이곳은 고(故) 삼도통제사 증 의정부 영의정 충무 이공이 순국한 곳이다.

공이 수군을 지휘하여 바다에서 왜구를 대파하여 해상에서는 왜구를 경계할 필요가 없어졌다.

遺墟卑 유허비

지금으로부터 230여 년 전공은 적의 날아오는 탄환에 맞아 돌아가셨다.

아! 임진년의 난은 실로 우리나라의 재앙이었다. 이때에 충성스럽고 용기가 있는 몇몇의 선비들이 우리 선조 임금의 좌우에서 도와 나라의 중흥을 이루었다.

그때 이미 이종(彝鍾)30)에 새겨지고 역사에도 기록되어 높이 빛나도다. 그 빛남이 있도다!

공훈이 천지에 가득하고 명성이 중국에까지 떨쳐져 밝게 빛난다. 우주를 흔들고 해와 별처럼 드높은 사람으로 말하자면 부녀자와 어린아이 할 것 없이 모두가 한마디도 의논하지 않고 망설임 없이 기꺼이 충무공을 최고로 친다.

대개 공은 벽촌의 나약한 군대로 사기충천한 백만의 일본군을 맞아 대적하여 무찔렀는데. 이것은 장수양(張誰陽)31)과 같고, 물결을 가로질러 물의 흐름을 끊고 기발한 계책으로 싸워 저 흉악한 무리를 꺾어 패배시켜 모두 불타 없어지게 한 것은 주공 근(周公 瑾)32)과 같다.

적은 군사로 많은 군사를 쳐서 앞으로 나아가자, 강하게 대항하는 적이 없고, 위세만으로도 적을 두렵게 하여 멀리 있거나 가까이 있거나 모든 적이 소문만 듣고도 멀리 달아나게 한 것은 악무목(岳武穆)33)과 같다.

세상 천하를 다시 위험으로부터 태평하게 안정시켜 그 한 몸에 종묘와 국가의 운명이 달린 것은 곽분양(廓汾陽)34), 이서평(李西平)35)과 같다.

정성을 다하고 공정함을 베풀어 몸이 다해 힘쓰고 애써서 덕과 위엄이 함께 빛나니, 농민과 병졸까지도 모두 감복시키고 마침내

---

30) 이정(彝鍾): 나라에 공로가 있는 신하의 이름을 새겨 오래도록 전한 그릇.
31) 장수양(張誰陽): 안록산의 난을 막은 당나라 장수.
32) 주공 근(周公 瑾): 오나라 주유의 이름, 적벽대전에서 조조 함대를 불공격으로 대파함.
33) 악무목(岳武穆): 남송의 충신 악비. 금나라 군대를 물리침.
34) 곽분양(廓汾陽): 당의 명장 현종 때 안사의 난을 평정함.
35) 이서평(李西平): 당의 명장 덕종 때 주비의 난을 평정함.

는 몸 바쳐 싸울 의지를 나타낸 것은 오직 제갈무후(諸葛武侯)36)만이 그와 같다.

이미 무후가 죽은 것은 병 때문이었는데, 공이 죽은 것은 전쟁 때문이다.

그러나 무후가 죽은 뒤에 한나라의 종실이 마침내 위태롭게 되었지만, 공의 경우엔 비록 죽었지만 남은 공덕을 깊게 입어, 오늘날에 이르기까지 사직이 거기에 힘입고 있으니, 공은 여한이 없을 것이다.

공의 공적과 충성은 임금이 내리는 말에서 밝게 빛나고, 염완(琰琬)37)에 밝게 빛나고, 태상(太常)38)에 기록되어 있고, 그 사적이 맹부(盟府)39)에 보관되어 있어, 학사대부(學士大夫)가 기리고 서술하는 가운데에 빛나고 빛나니, 진실로 다시 더 군더더기를 첨가할 필요가 없다.

단지, 공의 공적은 진실로 바다에서 많이 이루어졌다.

호남의 수사로서 무공을 처음으로 떨친 데 대해서는 좌수영대첩비가 있고, 벽파의 싸움에서 적의 총칼을 막아 기호지방을 길이 안정시킨 데 대해서는 명량대첩비가 있으며, 삼도통제영에 있으면서 깃대를 세우고 병영을 건조하여 앉아서 평화와 안정을 거둔 데 대해서는 고성 충렬사비가 있고, 순천의 충민사, 남해의 충렬사, 고금도의 탄보묘에 이르기까지 모두 공적이 드러나도록 새겨져 있어서 영원히 그 공적을 알리고 있다.

---

36) 제갈무후(諸葛武侯): 제갈량. 촉한의 승상.
37) 염완(琰琬): 나라의 보물 그릇.
38) 태상(太常): 예조 소속의 시호를 내려주는 관직.
39) 맹부(盟府): 공신의 훈공을 기록하는 일을 맡아 하던 관아. 서약의 서류를 넣어두는 창고.

아쉽게도 유독 용맹하게 싸우다 살신성인한 곳에 대해서는 그 사실을 밝힌 글이 없다.

우리 성상(聖上, 순조) 32년 임진년(1832년)은 선조께서 회복을 도모한 지 4주갑(240주년)⁴⁰⁾이 되는 해이다.

성상(순조)이 세월을 회상하며 감회를 일으켜 충성하고 수고한 공덕을 제사 지내게 하니 공에게 가장 먼저 미쳤다.

이때 공의 8세손인 이항권이 실제로 공이 다스린 삼도수군통제사를 이어 받았는데, 왕명을 받들어 여기에 제단을 설치하여 신령이 강림하게 하였다.

그리고는 물러나와 여러 사람과 의논하여 큰 돌을 다듬어 그 터를 표시하고 새기니, 이를 본 사람들이 통제사가 그 세대를 이었다 하였다.

그 명(銘)에 이르기를 오직 남쪽 바다에 태양을 이고 있으니, 큰 물결이 넓고 넓도다. 바람이 잔잔하고 파도가 없으니, 이무기와 악어가 깊이 그 몸을 감추었도다. 세상이 평화로우니 아녀자들도 희희낙락하고, 황소도 부지런히 밭을 갈며 양잠(養蠶)하니 전쟁이 끝이 나고 평안하도다.

누가 하사한 것인가? 공의 충성을 생각하도다. 무용이 뛰어나신 공이시어 진실로 우리나라를 안정시켰도다.

큰 거북과 건장한 매도 크게 분발하여 기상을 펴도다. 명량에서 갑옷 씻고 옥포에서 쉬었다.

많은 고기잡이배가 만선으로 돌아오고 오리 떼는 물가에서 노는구나.

난여(鸞輿)⁴¹⁾가 서서히 돌아오다 쇠북을 걸었다.

---

40) 주갑(周甲): 1주갑이 60년이므로 4주갑은 240주년째가 되는 해.
41) 난여(鸞輿): 임금이 타는 수레.

공이 남긴 공훈은 만세에 빛날 것이지만, 공은 먼저 떠났도다. 넓고 넓은 아득한 바다 파도처럼 많은 사람 눈시울에는 슬픔이 가득하니 공의 영령은 길이 살아남으리라.

하늘에 북두칠성이 있어 재앙을 물리치며 복을 낳으시고 적은 두 번 다시 바다를 침범할 수 없음이 확실하니 길이 백성들이 평안하리라. 공의 높고 어진 공덕은 영원히 이어져 오직 굳은 절개가 돌같이 단단하다.

자헌대부예조판서겸지경연사홍문관대제학예문관대재학지성균관사규장각제학 홍석주(洪奭周) 짓고 자헌대부형조판서겸지경연춘추관사예문관제학 이익회(李翊會) 쓰나.

숭정기원후사년임진(崇禎紀元後四壬辰, 1832년) 월 일 세우다.

〈有明水軍都督朝鮮國三道統制使 贈議政府領議政諡忠武
  李公舜臣遺墟碑〉

直南海縣東二十里溟漲之所環蒙衝之所出入名其地曰觀音浦者
故三道統制使贈議政府領議政忠武李公殉國之所也.
公以舟師大破倭寇於海中海上無倭警者.
今二百三十有餘季而公則爲飛丸所中以歿. 嗚呼. 壬辰之難我東
之陽九也. 時則有忠藎勇知之士若而人左右我宣廟以克襄中興
烈旣咸銘彛鐘被竹素火卓乎 其有燿矣
至勳塞天地 聲震華夷燀爀 磊落軒宇宙而揭日星者薦紳婦孺不謀
一辭以忠武公爲稱首
蓋公以偏陬積弱之旅當百萬賈勇之敵蔽遮一方屹然爲于城如張
睢陽
橫波絶流出奇制勝使兇渠摧敗煨燼而無遺如周公瑾

用少擊衆前無勍敵威聲所警遠邇望風如岳武穆

再造區宇幹危奠泰以一身以宗國輕重如敦汾陽李西平

若其開誠布公鞠躬盡瘁德威交彰旺卒咸懷而卒之以志決身殲則惟諸葛忠武候

是已武候之歿以疾病而公之歿也以戰

然武候之歿漢室遂危公則雖歿矣而遺烈之所覃被式至今社稷是賴公於是亦可以無憾矣

公之功之忠寵于綸言昭于琬琰紀在太常載在盟府煥燁乎學士大夫之歌誦敍述固無容復贅也

惟公績寔多在海上

其肇暢武功由湖南水閒則有左水營大捷碑,式遏兇鋒永靖湖畿在碧波之戰則有鳴梁大捷碑,樹牙建閫坐收清晏在三道統制營則有固城忠烈祠碑,至順天之忠愍祠,南海之忠烈祠,古令島之誕報廟咸有顯刻以詔無極獨茲爲立

僅成仁之所而顧無文以徵其實

我聖上三十二年壬辰宣廟圖恢之四周甲也

惟聖上撫歲興懷咸秩忠勞功宗之祀首及于公

于時公之八世孫恒權寔踐公舊治統制三道水軍承王命侑公于是地設壇以降靈

退諏于衆伐山大石以表其地而章之以銘辭人於是謂統制克世矣

其銘曰維南戴日巨渤茫洋 恬風無浪蛟鰐深藏 閭井如櫛婦子熙熙 犁牛箛 蠻不識鼓旗亡

誰之賜懷我忠武桓桓忠武實奠東土

穹龜健鶻大奮厥庸鳴梁洗甲玉浦休

鋒盈盈萬艘彼鳴渚

鑾輿徐返鐘石在虡

公勳萬世公則先逝 洪波渺瀰萬皆同涕公靈不昧

上有星斗驅祲產社 永綏黎首截彼海浦 公仁攸成維烈載永維石之貞

資憲大夫禮曹判書兼知經筵事弘文館大提學藝文館大提學知成均館事奎章閣提學洪奭周撰　資憲大夫刑曹判書兼知經筵春秋館事藝文館提學李翊會書

崇禎紀元後四壬辰　月　日立

재치 넘치는 대학자의 친필 현판

飛飛亭 비비정

송시열(宋時烈)

전라북도 임실군 성수면 봉강길 121

전주 최씨 시조 문성공의 22대손인 화봉(華峯) 최창열(崔滄烈, 1877년~1940년)은 독립 애국지사로 호남 유학의 거두인 간재(艮齋) 전우(田愚, 1841년~1922년) 선생의 문하에서 성리학을 공부하였다. 공부를 마친 후 그는 교육에 뜻을 두고 향리로 내려와 자택에서 서당을 열고 많은 후학을 양성하는 데 일생을 바쳤다. 그는 최익현 선생의 항일운동과 이석용 장군의 호남 임자동밀맹단 임실지역 총책임자로 많은 의병과 군자금을 모아 호남의 의병장에게 전달하는 독립운동도 펼쳤다. 이러한 공로로 2013년 11월 17일 국가보훈처로부터 건국포장을 수여 받고 애국지사로 등록되었다. 이와 같은 업적 외에도 그는 최씨(崔氏) 문중의 가보(家寶)인 비비정(飛飛亭)의 현판을 지켜낸 인물이기도 하다.

전라북도 완주군 삼례지방의 비비마을에 있던 비비정각이 일제의 만행으로 소실되었는데, 이때 우암 송시열 선생이 친필로 써준 비비정 현판만이 만경강 물에 떠내려가는 것을 인근 주민이 건지게 되었다. 이 소식을 들은 그는 주민을 직접 찾아가 현판을 돌려받고 다시는 잃어버리지 않기 위해 전주 최씨 집성촌인 임실군 성수면 봉강리 계월촌(桂月村)으로 옮기기로 마음먹었다. 그리고 그의 스승인 간재 전우 선생으로부터 비비정 이건기를 써 달라 부탁하여, 이건기를 받들고 1899년에 새로 비비정을 세웠다. 새로 세운 비비정에는 다시 찾은 우암 선생의 친필 현판을 달았다. 이후 비비정은 1930년에 다시 중건되었다. 현재는 후손들이 유지 관리하고 있다.

  이렇게 화봉 최창열 애국지사는 잃어버릴 뻔한 우암 송시열 선생의 친필 현판을 지켜낼 수 있었다. 한 집안의 가보를 떠나 340년 전의 조선 대학자의 명필을 볼 수 있게 해준 그의 노력을 높이 평가해야 한다. 지금도 임실군 성수면 봉강리 86번지 비비정에는 우암 송시열 선생의 친필 비비정 현판이 반짝반짝 빛을 발하고 있다.

  우암 송시열 선생이 비비정(飛飛亭) 현판을 쓰게 된 유래는 그의 저서인 『송자대전宋子大全』의 〈비비정기飛飛亭記〉에 기록되어 있다.

  비비정(飛飛亭)은 전주 삼례역 남쪽에 있는데, 그 주인은 최후량(崔後良)이다. 후량이 일찍이 나에게 정자의 기문을 지어 달라고 요청하면서 말하기를, '이 정자는 만력 계유년(1573년, 선조 6년)에 지은 것인데, 정자를 지은 사람은 저의 할아버지 휘 영길(永吉)입니

飛飛亭 비비정

다. 저의 할아버지 영길은 무과에 급제한 무인으로서 벼슬이 창주(평안북도) 첨사에 이르렀고, 저의 아버지 완성(完成) 역시 약관의 나이에 벼슬이 나난(양강도) 만호에 이르렀습니다. 저 후량까지 3세대가 모두 무인집안입니다.'라고 하였다. 내가 말하기를, 무인은 뇌물로 벼슬을 구하고, 가마를 타고 권문세가 대문을 분주하게 드나들면서 등용되기를 도모하는데, 대부분 사람들이 늙거나 죽은 후에야 그만둔다. 지금 창주 첨사는 홀로 이런 일을 하지 않았고, 경치 좋은 곳에 아름다운 정자를 지어 놓고 거처하며 휴식을 취하였다. 맑고 광대한 삶을 스스로 만끽하였기 때문에 능히 천수를 다 누렸는데, 이는 매우 어려운 일이었다. 나난 만호 역시 벼슬을 높이기 위해 뇌물을 바친다거나, 여러 권세가에게 다가가서 지리를 바꾸지 아니하고 그 의식을 다하였으며, 정자를 고치어 지붕을 새로 이고 벽을 칠하고 꾸몄으며, 들보와 기둥을 새로운 것으로 바꾸었으니 효자라 할 만하다. 지금 자네 또한 글을 사랑하여 이미 정자에 편액을 걸었는데도 또다시 기문을 요청하여 후세 사람들에게 보이려 하니, 조상의 뜻을 이어가려는 의지 또한 깊다고 하겠다.'

다시 정자의 이름을 지은 뜻을 물으니, 즉시 대답하기를 지명으로 이름을 지은 것입니다.라고 하였다. 내가 말하기를, '자네 가문은 대대로 이어오는 장수의 집안이다. 옛사람으로 장익덕(張益德)[42]의 신의와 용기, 악무목(岳飛)[43]의 충성과 효심이 있었는데, 모두 이름이 비(飛)자로 되어 있으니, 이는 세상에서 보기 드문 일로 보통

---

42) 장익덕(張益德): ?~221년. 흔히 장비(張飛)라 부른다. 중국 삼국시대 촉한(蜀漢)의 장군으로 유비·관우와 함께 의형제를 맺었고 많은 전쟁에서 용맹을 떨쳤다.
43) 악무목(岳武穆): 1103년~1142년. 주로 악비(岳飛)라 부른다. 중국 남송시대 장군으로 중국의 민족 영웅으로 억울하게 죽임을 당했다.

무신들과는 달라 당연히 힘써 흠모하지 않으면 안 될 분들이다. 어찌 자네의 후손들이 장비와 악비 같은 윤리가 있지 않고서 승계를 하겠는가? 무릇 이 정자에 오르는 사람 모두 이 두 사람의 마음을 알게 된다면, 세상의 올바른 도를 알게 하는 데 도움이 될 것이니, 어찌 가볍다고 말할 수 있겠는가?'라고 하였다.

후량이 머리를 조아리면서 말하기를, '정자는 작지만 담고 있는 뜻은 매우 크며, 사람은 미미하지만 말은 매우 높고, 또 글을 지어 주신 은혜가 매우 두터워서 어찌 그대로 지나갈 수 있으리오! 이제 돌아가서 글을 새겨 문 위에 걸어 놓겠습니다.'라고 하였다. 때는 1680년(숙종 6년) 9월 일. 화양구곡 늙은이(송시열) 지음.

飛飛亭在全州參禮驛之南 其主人崔後良也 後良嘗請記於余曰 亭之作在萬曆癸酉 作之者吾祖永吉也 吾祖永吉以弓馬拔身官至昌洲僉使 吾父完成亦以鷃冠官羅暖萬戶至 吾[後]良蓋三世也 余曰 武人苞苴輦載奔走權門以圖進用 老死而後止者滔滔也 今昌洲獨能免此 而作亭於形勝之地居處遊息 導迎清曠能以壽終斯已難矣 因問名亭之義 則曰因地名而名之也 余曰 君世世將種也 古者張翼德之信勇岳武穆之忠孝 皆名以飛 而曠世相感豈非武臣之所當勉慕者耶 安知君之後承不有張岳之倫 而凡登斯者皆以二子爲心 則其爲世道之助也 豈淺鮮哉 [後]良頓首曰 亭小而義大 人微而語高 受賜之厚無以踰焉 請歸而刻之楣間也.

時崇禎上章涒灘 九月日 華陽老叟 記

『송자대전宋子大全』〈비비정기飛飛亭記〉

우암 송시열 선생이 써 준 〈비비정기飛飛亭記〉를 보면, 우암 선생이 '비비정기'를 써 달라 부탁한 최후량에게 비비정의 이름을 지은 유래를 물어보는 장면이 나온다. 후량은 단지 정자가 서 있는 곳의 지명을 따서 이름 지었다고 대답한다. 이에 우암 송시열은 중국의 유명한 장수 두 사람의 이름에서 한 글자씩 따서 정자의 이름을 지었다고 말한다. 최씨 집안이 대대로 무인 집안이었고, 비비정 정자와 관련이 있는 최후량의 할아버지와 아버지 또한 무과에 합격하고 벼슬을 지낸 무인들이다. 집안 내력을 들은 송시열이 비비정의 이름은 중국의 명장인 장비(張飛)와 악비(岳飛) 두 사람의 이름인 '飛(비)'자를 가져다가 '飛飛亭(비비정)'이라고 지은 것이라고 명쾌하게 설명하며, 최씨 집안을 드높여 찬양하였다. 최후량의 집안을 추켜세우고 〈비비정기飛飛亭記〉를 지어 주고, 비비정 현판도 친필로 써 준 것이다.

　송시열이 지어준 〈비비정기飛飛亭記〉는 정자를 세운 최영길의 후손들에게 장비의 신의와 용기를, 악비의 충성과 효를 본받아야 하고, 이 정자에 오르는 모든 사람이 올바른 도를 깨달아 가치 있는 삶에 보람을 느껴야 한다는 교훈을 주고 있다.

　조선을 대표하는 대학자이고 노론의 영수였던 우암 송시열이 최후량의 부탁을 마다하지 않고 정성껏 글을 짓고 친필로 현판을 써 준 까닭은, 최씨 집안이 비록 무인 집안이지만 출세를 위해 부정한 일을 하지 않았고, 경치 좋은 곳에 정자를 세우고, 시문을 숭상함에 감복하여 〈비비정기飛飛亭記〉를 지어 주고 그 집안을 찬양했던 것이다.

비비정(飛飛亭) 정자는 1573년(선조 6년) 전주최씨(全州崔氏) 문성공파(文成公派) 12세손 최영길(崔永吉)에 의해 창건되었고, 1752년(영조 28년)에 전라도관찰사 서명구(徐明九)44)가 중건하였다.45) 그리고 1899년(고종 36년)에 22세손 최창열(崔滄烈)에 의해 현재 위치인 임실군 성수면 봉강리 86번지 계월촌(桂月村)으로 옮겨 유지 관리되고 있다. 다시 1998년에 완주군에서 원래 정자가 있었던 그 자리에 새로 비비정을 세우고 관광지로 개발하였다. 이렇게 새로 세워진 정자에도 현판을 걸었다. 그래서 현재는 비비정(飛飛亭) 현판이 두 곳에 걸려 있다.

하나는 최창열 애국지사가 지켜낸 우암 송시열 선생이 쓴 현판으로 임실군 봉강리 계월촌 정자에 걸려 있다. 정자를 처음 세운 최영길의 손자 최후량이 당대의 대학자이자 최고의 권력자인 우암 선생에게 부탁하여 받아낸 아주 귀중한 현판이다. 현판 글씨를 보면 일반적인 현판과 달리 글자 하나가 빠져 있다. 빠진 글자 자리에는 " ” "가 표시되어 있다. 우리들은 반복해서 글씨를 쓸 경우 흔히 " ” " 이렇게 표시하며 생략을 한

---

44) 서명구(徐命九): 1692년(숙종 18년)~1754년(영조 30년). 호는 약허(若虛), 1717년(숙종 43년) 식년 문과에 병과로 급제하였다. 여러 벼슬을 거친 후 사은부사(謝恩副使)로 청나라를 다녀왔다. 그리고 1752년에 전라도 관찰사가 되어 무거운 세금을 줄이고 지방관들의 부정을 엄격히 하여 처벌하는 등 치적을 올렸다.
45) 서명구(徐明九)의 묘지명에 비비정(飛飛亭)을 중건한 이야기가 기록되어 있다.

다. 우암 선생이 살았던 그 시대도 지금 시대와 마찬가지로 생략하는 의미가 있었던 것 같다. 우암 선생이 쓰기 귀찮아서 생략한 것은 아닐 것이다. 아마도 당시 일반적인 현판에 파격을 선택한 것으로 보인다. 재치가 넘쳐난다. 그리고 글씨의 붓놀림은 무인 집안에 걸맞게 힘이 넘쳐 흐른다.

또 하나는 완주군에서 비비정의 원래 자리에 새로 세운 정자에 걸려 있는 현판이다. 현판 글씨를 쓴 사람은, 정자를 새로 세울 당시 이 지역에서 가장 유명한 명필로 알려진 강암 송성용46) 선생이 썼다. 글씨는 곱고 부드러운 필체로 잘 쓴 현판이다. 새로 세운 정자에는 어울릴지 모르겠지만, 비비정이 무인 집안에서 세운 정자라는 것을 생각해 보면 그다지 잘 어울리지 않은 것 같다.

원래 자리에 새로 세운 비비정 정자와 또 새로 쓴 현판은 아직 세월의 때를 입지 못해 고색한 맛이 없고, 임실로 이전한 비비정 정자는 초라하고 궁색함이 있어 대학자의 명필 현판을 감당할 만한 정자가 되지 못한다. 비비정은 이렇게 두 곳으로 나누어져 있어 현판과 정자가 조화를 이루지 못해 못내 아쉬울 따름이다.

---

46) 송성용(宋成鏞): 1913년~1999년. 호는 강암(剛庵), 전북 김제(金堤) 출생. 어려서 한학(漢學)을 공부하였다. 특히 서법(書法)과 그림에 취미를 가져 대성하였다. 평생 양복(洋服)을 입지 않았으며, 창씨개명과 신학문을 반대하였다. 서법은 다양한 서체를 구사하였으며, 그림은 문인화를 주로 그렸다.

비비낙안(飛飛落雁)

강암(剛菴) 송성용(宋成鏞) 현판

신 비비정. 전북 완주군 삼례읍 비비정길 73-21

비비낙안(飛飛落岸)이란, 비비정(飛飛亭) 장자 아래 만경강가 백사장에 기러기 떼가 잠시 날개를 접고 내려앉아 쉬어가는 풍경을 바라보는 것을 말한다. 이 풍경을 사람들은 비비낙안이

비비정(飛飛亭)에서 바라본 석양

라 부르며 '완산 8경'의 하나로 꼽았다.

지금은 만경강의 수위가 낮아지고 물줄기가 줄어 백사장도 없고, 기러기 떼가 쉬고 있는 풍경도 없지만, 새로 세운 비비정 정자에 올라 석양을 바라보는 풍경은 가히 비비낙안에 비교해도 손색이 없다. 비비낙안 풍경이 얼마나 아름다웠는지 당대의 시인 묵객들은 이곳을 찾아 풍경을 시로 남겼다.

湖上飛亭筆亦飛(호상비정필역비)
호수 위 비비정에 필치 또한 나는 듯

客來登眺罷愁圍(객래등조라수위)
손님이 와서 올라보니 쌓인 시름 씻어지네.

山川剩得千年勝(산천잉득천년승)
산천은 넉넉히 천년 경치를 얻었고

風月能停四駟壯(풍월능정사비장)
풍월은 능히 네 마리 말을 머물도록 하네.

- 만향 김두명(晚香 金斗明)⁴⁷⁾

漁唱乍聞沙浦動(어창사문사포동)
어부의 노래 잠시 들리니 모래 포구가 움직이고

雁聲群帶夕陽微(안성군대석양미)
기러기 소리 무리를 지어 띠를 이루니 석양이 희미하오.

郵童莫怪徘徊去(우동막괴배회거)
아희야, 내가 서성거리는 것을 괴이하게 여기지 마라

奇賞要須快意歸(기상요수쾌의귀)
좋은 경치 실컷 감상하고 흔쾌하게 돌아가리다.

- 청호 이일상(靑湖 李一相)⁴⁸⁾

落日依山盡(낙일의산진)
저녁 해는 서산 넘어 떨어지는데

離亭傍水斟(이정방수짐)
정자를 떠나려니 흐르는 물도 내 마음을 아는 듯

西郊慣送客(서교관송객)
서쪽의 넓은 들은 손님 송별 익숙하나

---

47) 김두명(金斗明): 1644년(인조 22년)~1706년(숙종 32년). 호는 만향(晚香), 1671년 정시 문과에 병과로 급제하였다. 윤증 문하에서 공부하였다. 1685년 사간이 되었고, 1687년 기사환국으로 삭탈관직되었다. 이후 벼슬에 뜻을 버리고, 시냇가에 작은 초당을 지어 '소일재(掃一齋)'라 명명하고, 독서에 몰두하였다. 1694년 갑술환국 후에 병조참의 등을 지냈다.

48) 이일상(李一相): 1612년(광해군 4년)~1666년(현종 7년). 호는 청호(靑湖), 1628년(인조 6년)에 17세로 알성 문과에 병과로 급제했으며, 호조판서, 병조참판, 예조판서 등을 역임하였다.

一別一傷心(일별일상심)
한 번 이별에 한 번 마음 상해진다.

- 수촌(樹村) 조세환(趙世煥)49)

南州幾處有江亭(남주기처유강정)
남쪽 고을 곳곳에 강을 낀 정자가 있으나

最是津山獨擅名(최시진산독천명)
이곳 나루터가 홀로 가장 이름을 날렸네.

三大水橫臺下合(삼대수횡대하합)
세 큰물이 넘쳐흘러 누대 아래에서 합해지고

四長程遠眼中平(사장정원안중평)
사방으로 뻗은 긴 길이 멀리 눈 안에서 확 트였네

- 서귀(西歸) 이기발(李起渤)50)

---

49) 조세환(趙世煥): 1615년(광해군 7년)~1683년(숙종 9년). 호는 수촌(樹村), 1657년(효종 8년) 식년문과에 갑과로 급제하고 여러 벼슬을 거쳐 1680년(숙종 6년)에 동래부사가 되었다. 임금은 부임하는 그가 말을 듣고 특별히 금품을 하사했으나, 이를 임진왜란 때 전사한 동래부사 송상현(宋象賢)의 사당을 중수하는 데 사용하였다. 그리고 임진왜란 때 관노로 순국했던 석매(石邁)의 자손들을 모두 노비 신분에서 구제해 주었다. 또 자신의 봉급으로 가난한 백성들의 세금을 대납하는 등의 선정을 베풀었다.

50) 이기발(李起渤): 1602년(선조 35년)~1662년(현종 3년). 호는 서귀(西歸), 1627년(인조 5년) 식년문과에 병과로 급제하고 필선(弼善)이 되었다. 1636년 병자호란으로 남한산성이 포위되자, 전라도에서 근왕병(勤王兵)을 모집하여 서울로 진격하였으나 인조가 청나라에 항복하여 실패하고, 전주로 돌아가 만년을 보냈다.

탄생의 기쁨을 알린 현판

大福田 대복전

순조(純祖)

전라남도 순천시 승주읍 선암사길 450

전남 순천의 선암사에 가면 아주 특별한 현판을 만날 수 있다. '大福田대복전'이라는 현판이다. 조선 제23대 순조 임금이 13세 때 쓴 것이다.

현판이 제작된 사연도 여느 현판과 달리 좀 특별하다. 이 현판의 글씨는 명필이라 볼 수 없지만, 특별한 사연을 담고 있어 지금까지 살아남았다. 선암사 원통전 내부에 걸려 있다. 현판이 걸린 위치도 특별하다. 대부분의 현판들은 눈에 잘 보이는 건물의 외부 정면에 붙어 있는 경우가 많은데, 이 현판은 그렇지 않다. 원통전만 하더라고 선암사의 중심축에서 벗어난 후미에 위치해 있고, 현판도 건물 밖에서 볼 수가 없다. 어렵사리 원통전을 찾았다 하더라도 현판을 찾기가 어렵다. 그것은 현판이 건물 안쪽 법당 안에 걸려 있기 때문이다. 이런 까닭은 현판을 제작하게 한 사연을 알면 자연스럽게 해결된다.

선암사 원통전

사도세자와 혜경궁 홍씨의 아들인 정조 임금(재위:1776년 3월~1800년 6월)은 왕비와 후궁 넷을 두었다. 하지만 정조는 자녀 복이 없어 슬하에 자녀가 많지 않았다.

왕비인 효의왕후 사이에서는 자녀가 없었다. 오매불망 자녀를 기다리던 정조에게 후궁인 의빈 성씨 사이에서 정조의 첫 번째 아들이 태어났다. 이 왕자가 바로 문효세자이다. 문효세자(文孝世子, 1782년 9월 7일~1786년 5월 11일)는 태어나자마자 바로 원자(元子)로 봉해졌고, 3살 되던 해에 다음번 왕이 될 왕세자(王世子)로 책봉되었다. 이는 정조가 얼마나 왕자를 기다렸는지 알게 해주는 대목이다. 문효세자가 태어났을 당시 정조가 얼마나 기뻐했는지 알 수 있는 기록이 『조선왕조실록』에 실려 있다.

"비로소 아비라는 소리를 듣게 되었으니, 이것이 다행스럽다."
始聞爲人父之稱, 是可幸也.

『정조실록』 14권, 정조 6년 9월 7일.

그러나 문효세자는 5세 되던 해(1786년 5월 11일)에 홍역으로 요절하고 만다. 그렇게 간절히 바랐던 정조의 아비가 된 소원이 좌절되었고, 다음 번 대를 이을 왕자가 사라지게 된 것이다. 나라 전체가 걱정에 이르게 되었다. 이에 화계사·흥국사·진관사를 비롯한 전국의 영험한 기도처에서 정성을 다해 왕자 탄생을 기도하였다. 하지만 효과가 없었다.

이러한 정성에도 왕자를 낳지 못하자 정조는 다시 1788년에 함흥의 석왕사와 순천의 선암사에 관리를 보내 세자 탄생의 기도를 부탁하였다. 부탁을 받은 선암사의 고승 눌암 스님은 원통전에서 해붕 스님은 대각암에서 각각 100일 기도를 하였다. 얼마나 정성으로 기도를 했던지 기도가 하늘에 닿아 이듬해 1790년(정조 14년)에 후궁 수빈 박씨가 순조 임금을 낳았다. 이에 정조는 선암사에 고마움을 표시하기 위해 눌암 스님에게 '홍제존자'라는 높은 이름을 내렸고, 금병풍·은향로·쌍용문가사를 하사하였다. 그리고 다음 임금인 순조51)는 1801년 자신의 출생에 대한 이야기를 듣게 된다. 순조는 고마운 마음에 직접 "큰 복을 준 밭"이라는 뜻으로 금자(金字)로 '大福田(대복전)'이라 써서 현판으로 만들고 선암사에 내려보내게 했다. 이후 또 '천(天)'과 '인(人)'이라 쓴 현판도 하사하여 '大福田(대복전)' 현판과 함께 절 안에 걸게 하였다.

순조가 대복전(大福田) 현판을 쓰게 된 이유는 자기 자신의 출생에 대한 고마움을 표시하려고 한 것이다. 한 나라의 임금이 자기 자신의 출생을 기념하기 위해 제작한 현판은 오직 '大福田(대복전)'이 유일하다. 그러나 이 현판이 의미하는 것은 단지 자신의 출생에 대한 기쁨보다는 왕실의 적통을 지키게 해 준 것에 대한 고마운 마음을 전달한 것이라고 본다.

---

51) 순조(純祖): 조선 제23대 임금. 재위기간 1800년~1834년.

대복전 현판은 해서(楷書)체로 글씨에 힘이 느껴진다. 아주 뛰어난 글씨는 아니지만, 진정성이 담긴 특별한 현판이라 할 수 있다.

천·인·대복전(天·人·大福田) 세 개의 현판은 원래 선암사 원통전에 있었으나, 지금은 원통전 법당 안 정면에 대복전 현판이 걸려 있고, 천(天)과 인(人)의 편액은 선암사 성보박물관에 소장되어 있다.

임금 정조(正祖)의 가족관계

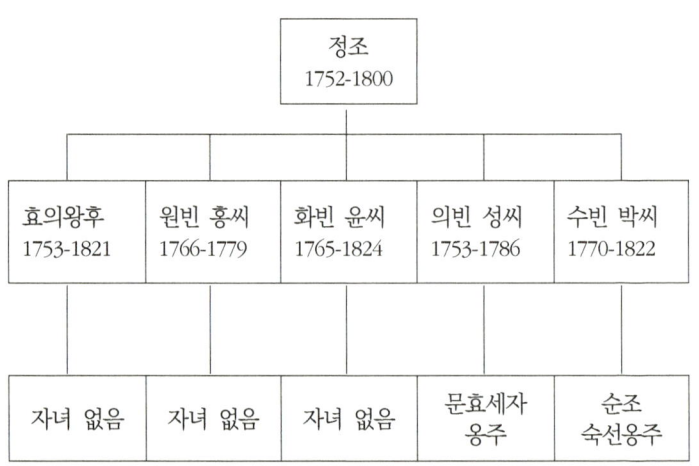

*정조는 부인이 총 다섯이고, 아들 두 명, 딸 두 명을 두었다.

정조(正祖): 1752년(영조 28년)~1800년(정조 24년), 이름 산(祘), 본관 전주(全州), 부(父) 사도세자·모(母) 혜경궁 홍씨, 재위기간 1776년~1800년

효의왕후(孝懿王后) 김씨: 1753년(영조 29년)~1821년(순조 21년), 본관 청풍(淸風), 부(父) 좌참찬 김시묵(金時默)·모(母) 남양 홍씨(南陽洪氏), 가례 1762년(영조 38년) 2월

원빈 홍씨(元嬪 洪氏): 1766년(영조 42년)~1779년(정조 3년), 본관 풍산(豊山), 부(父) 호조 참판 홍낙춘(洪樂春)·모(母) 우봉 이씨, 간택후궁, 자녀 없음. 권신 홍국영의 동생

화빈 윤씨(和嬪 尹氏): 1765년(영조 41년)~1824년(순조 24년), 본관

남원(南原), 부(父) 판관 윤창윤(尹昌胤)·모(母) 성주 이씨(星州 李氏), 간택후궁. 자녀 없음.
의빈 성씨(宜嬪成氏): 1753년(영조 29년)~1786년(정조 10년). 이름 성덕임, 본관 창녕(昌寧), 부(父) 성윤우·모(母) ?, 승은 후궁. 자녀(1남1녀, 문효 세자(5세 사망)·옹주(1세 사망)).
수빈 박씨(綏嬪朴氏): 1770년(영조 46년)~1822년(순조 22년). 본관 반남(潘南), 부(父) 좌찬성 박준원(朴準源)·모(母) 원주 원씨(原州元氏), 간택후궁, 자녀(1남1녀, 순조·숙선옹주)

조선 최고의 성군이라 불리는 임금, 정조대왕. 정치, 경제, 문화, 국방 등 조선 후반기 시대를 찬란히 빛냈다. 하지만 그에게는 아픔과 시련도 있었다. 아픔과 시련은 그의 가족사에서 비롯된다.

정조의 가족관계는 매우 불우하고 불행했다. 아버지 사도세자는 할아버지에 의해 죽임을 당하였고, 어머니 혜경궁 홍씨는 일찍 지아비를 잃고 궁에서 쫓겨날지 모르는 공포와 존재를 드러낼 수 없는 외로운 삶을 살아야 했다. 정조 또한 어린 나이에 아비를 잃어 사랑받지 못했으며, 아버지인 사도세자의 죽음 이후 계속되는 살해 협박과 폐세손 공작에 시달리며 제대로 된 삶을 살지 못했다. 여기까지는 정조 본인의 의지와 관계없는 그저 하늘이 내린 운명이었다. 불운 속에서 성장한 정조는 성인이 되고 임금이 되어 본인의 의지대로 삶을 이어가지만, 애석하게도 그의 가족에게는 하늘이 도움을 주지 않았다.

정조는 세손 시절인 1762년 10세 되던 해에 세손빈(효의왕후)과 혼인을 한다. 그의 불행은 여기서 시작된다. 자녀가 생기지 않았다. 이에 정순왕후(왕대비)는 간택령을 내려 후궁을 간택한다. 이때 간택된 첫 후궁이 원빈 홍씨(홍국영의 여동생)이다. 그러나 원빈 홍씨는 후궁이 된 지 1년도 되지 않아 급사한다. 역시 자녀는 없었다. 정조 후사에 다급해진 왕실에서는 다시 간택령을 내리고 두 번째 후궁을 맞는다. 화빈 윤씨이다. 화빈 윤씨는 투기가 심했으며 상상임신만 하다 아이를 낳지 못했다. 후궁을 둘이나 보고도 아이를 낳지 못하자 결국 정조가 직접 나서게 된다. 세손 시절부터 마음에 둔 궁녀 성덕임에게 승은을 내리려 한 것이다. 정조는 성덕임에게 세손 시절에도 승은을 내리려 했지만, 아직 세손빈(효의왕후)이 아이를 낳지 않았다는 이유로 간절히 거절하여 뜻을 이루지 못했다. 정조가 임금이 되고 다시 15년 만에 승은을 내리려 했지만, 이번에도 또 거절을 당한다. 두 번을 거절당한 정조는 화가 나서 성덕임의 아랫사람을 벌하자 승은을 따르겠다고 하여 드디어 세 번째 후궁이 된다. 정조는 사랑이 결실을 맺자 직접 후궁의 작호를 의빈이라 지어 주었다. 궁녀에서 1품직인 의빈 성씨가 된 것이다. 혼인한 뒤 3개월 만에 임신하게 되고 아들을 낳는다. 정조는 얼마나 기뻤던지 태어난 지 22개월 만에 세자로 책봉한다. 이 세자가 문효세자다. 하지만 이렇게 어렵게 얻은 대를 이을 세자는 5살 되던 해에 홍역으로 요절하고 만다. 세자를 잃은 정조의 애통한 심정은 그가 지은 〈어제문효세자효창묘신도비〉에 잘 나타나 있다. "꿈인가, 참인가, 꿈이라 하여 반드시 꿈도 아닐 것이고 참이라 하여 반드시 참도 아닐 것이다" 얼마나 믿기 어려웠던지 꿈인지 아닌지 믿기지 않는다는 말로 그의 슬픔과 괴로움을 표현했다.

문효세자의 불행 전에 정조와 의빈 성씨는 또 하나의 불행을 겪었다. 문효세자 출생 이후 바로 딸을 낳았는데, 돌을 넘기지 못한다. 불행의 연속이다. 의빈 성씨는 두 번의 연속된 불행에도 슬픔을 속으로 삼키며 얼마 지나지 않아 또 임신을 한다. 이번에는 불행이 의빈 성씨를 넘쳤다. 임신 아홉 달만에 출산을 하지 못하고 죽고 만다. 의빈 성씨는 아들 문효세자와 딸 옹주를 낳았으나 모두 앞세워 보냈다. 그리고 자신 역시 문효세자가 떠난 지 5개월도 되기 전에 다시 임신한 상태에서 숨을 거두었다.

정조가 의빈을 얼마나 사랑하고 의지했는지는 『조선왕조실록』에 보인다.

"병이 이상하더니, 결국 이 지경에 이르고 말았다. 지금부터 더욱 국사를 의탁할 데가 없게 되었다."
病情奇怪 竟至於此 從今國事尤靡托矣.

〈정조실록〉, 정조 10년 9월 14일

정조의 가족사는 이처럼 불행으로 점철되었다. 의빈 성씨를 보내고 다시 간택하여 수빈 박씨를 맞이한다. 수빈 박씨는 왕실의 부응에 맞게 1남 1녀를 낳는다. 1남은 조선 제23대 임금 순조이고 1녀는 숙선옹주이다. 정조는 다섯의 부인이 있었지만, 태어난 자녀는 2남 2녀가 전부였다. 그리고 성인으로 성장한 자녀는 1남 1녀에 불과했다.

정조는 의빈의 죽음을 애도하며 묘지명, 묘표, 치제제문, 비문 등을 썼는데, 사랑하는 여인을 잃은 그의 절절한 심정이 잘 나타나 있다.

〈어제의빈묘지명御製宜嬪墓誌銘〉은 정조가 의빈 성씨를 위해 지은 묘지명이다. 어제(御製)란 임금이 지은 글이라는 뜻이고, 묘지명(墓誌銘)은 죽은 사람에 대한 객관적 기록과 칭송으로 이루어지며 주로 돌에 새겨 무덤 속에 넣는다.

우리나라 역사상 임금이 후궁을 위해 묘지명과 묘표를 직접 쓴 경우는 이것이 처음이고 마지막이다. 이처럼 정조는 왕실의 예법에도 불구하고 애절한 마음을 담아 의빈 성씨를 위해 묘지명과 묘표를 직접 지었다. 정조는 의빈 성씨를 무척이나 사랑하고 절절히 아꼈던 것 같다. 부인을 잃은 남편의 애절한 심정이 그대로 드러나 있다.

〈어제의빈묘지명〉

의빈 성씨는 문효세자의 어머니이다. 문효가 병오년(1786년) 5월에 세상을 떠나고, 여섯 달 뒤 갑신(9월 14일)에 빈 또한 죽었다. 죽은 지 석 달이 지나 경인(11월 20일)에 고양군 율목동52)에 장사 지내니 문효의 묘 왼쪽 언덕이다. 빈은 문효를 잃고 나서 항상 죽으면 그 묘 곁에 묻히기를 바랐는데 이제 소원이 이루어졌다. 어찌 빈의 한을 풀고 문효의 넋을 위로할 수 있겠는가? 아아, 슬프다. 태어나면서부터 똑똑하고 총명하여 돌이 되자 이름을 능히 분별했다. 용모와 태도는 깨끗하고 단정하며 온화하고 부드러웠다. 열 살이 넘자 뽑혀서 궁에 들어왔는데, 대궐의 궁중에 출입하는 왕실의 인척 부인들이 모두 훌륭한 가문의 혈통인 줄 알았다. 타고난 품성이 탁월하여 능히 겸허하고 공손한 태도를 유지하고 검소와 절약을 실천했다. 의리를 대처함에 명백하게 판단하고 확고하게 지켜 조금도 변하지 않았다.

승은을 처음 입을 때 내전(효의왕후)이 아직 아이를 낳지 못했다며, 울면서 사양하고 죽음을 각오하며 명령을 따르지 않아 나도 감동하여 다시는 강요하지 않았다.

15년 뒤에 널리 후궁을 간택하고 다시 명하였는데 빈은 또 거절하다가 측근에게 벌을 준 이후에 명을 따랐다. 당번 날 임금을 모셨는데, 이달에 바로 임신하였다. 임인년(1782년) 9월에 왕세자를 낳았다. 이 해에 소용53)에 봉해지고 바로 품계가 올라 의빈이 되었는데 아들(문효세자) 때문에 귀하게 된 것이다. 이로부터 더욱 스

---

52) 율목동(栗木洞): 용산구 청파1가동에 있던 마을로 현재 효창공원 일대의 옛 지명, 밤나무가 많아 율목동이라 하였다.

53) 소용(昭容): 후궁에게 내려지는 관직으로 정3품. 내명부에 속한다.

스로를 낮추고 정성을 다하는 예법으로 내전을 섬겼다. 임금을 모시고 잠을 잘 때 말하기를, "이제 나라를 맡길 곳이 있게 되었습니다. 위로는 내전이 있고 또 빈(후궁)이 있는데 또 감히 임금을 모시는 당번을 하겠습니까?"하고 번번이 간절하게 사양하고 피했다.
내전이 이미 그 아들을 받아들였으나 아이를 양육하는 일은 반드시 생모에게 맡기는 것이 나라의 오래된 일이었다. 빈은 감히 자기 마음대로 하지 않고 오직 내전의 말을 따랐는데, 내전은 점차 더 자랄 때까지 빈이 스스로 기르게 했다. 빈은 아이를 보살피기를 더욱 조심하였으며, 밤에는 반드시 아침이 될 때까지 촛불을 밝혔고 옷을 벗고 자는 일이 없었다. 5년 동안 한결같았다. 몸소 천한 일을 하고 말을 할 때도 극히 존대하였다. 혹 너무 지나치다고 하면 말하기를, "저군54)이시고 내전의 아드님이시다. 어찌 감히 내가 낳았다고 스스로를 높이겠는가?" 하였다.
빈의 거처는 겨우 비바람을 가릴 만하고 옷과 음식은 소박하기를 힘쓰며 말하기를, "오늘 나의 영화롭고 귀함은 분에 넘친 것이다. 도리어 자만하고 방자하게 행동한다면 어찌 내 몸에 재앙이 되지 않겠으며 더욱이 동궁55)을 위해 복을 비는 것이라 할 수 있겠는가?" 하였다.
5월의 참변(문효세자의 죽음)이 일어났을 때 스스로 감정을 다스려 겉으로 드러내지 않았다. 간혹 사람들이 그 담담함을 이상하게 여기니 말하기를, "내 몸은 내 것이 아니다. 지금 종묘와 국가가 위기일발의 상황인데 다행히 내가 다시 임신을 하였다. 만약 내키는 대로 마음껏 슬퍼하여 스스로를 아끼지 않는다면 종묘와 국가에 죄를 짓는 것이다." 하였다.

---

54) 저군(儲君): 왕세자(王世子).
55) 동궁(東宮): 세자가 거처하는 궁으로 왕세자(王世子)를 달리 부르던 말.

그런데 어찌하여 병에 걸린 것인가? 병증이 의술과 약으로 고칠 수 없어 한 달 만에 몸져누웠다. 그러나 날마다 세수를 했는데 이는 내가 가서 살펴보기 때문이다. 비록 정신이 어지럽고 사지를 움직이지 못하는 때라도 나를 대하면 잠시 몸가짐을 가다듬고 기운을 내어 바로 대답하였다.

임종하기 전날 저녁에 내가 가서 물어보니 갑자기 처량한 말을 하며 눈물을 흘리며 청하였다. 내가 꾸짖으며 말하기를, "평소에 내게 슬픈 얼굴을 보인 적이 없었는데 오늘은 어찌하여 이와 같은가?" 하니 빈이 말하기를, "내전께서 아들을 얻으시는 것이 사는 동안 가장 큰 바람이었습니다. 천한 몸이 거듭 아이를 가진 것은 비록 종사를 위해 매우 다행스러운 일이지만 남몰래 마음속으로 근심과 두려움을 이길 수 없었습니다. 지금 과연 복이 분에 넘쳐 병이 위중해졌습니다. 한 번 죽는 것은 슬프지 않으나 단지 숙원을 이루지 못한 것이 죽음을 앞두고 가슴 아픈 일입니다. 혹 바라건대 정전에 자주 들러 부지런히 후사를 구한다면 바야흐로 경사가 있을 것이니, 또한 지하에서 기뻐할 것입니다." 하였다. 내가 감동하여 고개를 끄덕였다.

이튿날 아침에 일어나 옷을 바르게 하고 자리에 나아가서 죽음에 이르렀다. 내가 들어가서 보니 이미 어찌할 수 없었다. 빈이 나라와 종사를 위하고 내전을 위하는 마음이 진실로 지극하고 거짓됨이 없었으니, 그렇지 않았다면 어찌 죽으면서도 잊지 않고 이와 같이 간절하였겠는가?

내전은 일찍이 그 성의에 감복하여 친애하고 가까운 사이였기에 죽음을 슬퍼함이 동기를 잃은 듯했고, 온 궁 안의 사람들이 모두 탄식하고 안타깝게 여기고 통곡하며 부르짖기에 이르렀다.

빈이 작위를 받고 나서부터 내가 단속을 더욱 엄하게 하여 왕왕 사람이 감당하지 못할 정도였으나 한뜻으로 순수하게 받아들여 진심으로 명에 따랐다. 혹 은혜에 해당하는 일이 있으면 오히려 움츠러들고 멀리하여 더욱 겸손함을 지켰다.

일찍이 빈의 집안 선산 터가 이롭지 않아 이장에 대해 논의하려 하자 빈이 간언하기를, "천한 집안의 일에 번거롭게 관비를 쓰는 것이 진실로 마음에 편치 않습니다." 하였다. 내가 "이는 중요한 일이니 그만둘 수 없다." 하니 빈이 말하기를, "의복을 팔아서 이장 비용에 보태겠습니다." 하였다.

동궁 외가의 외조부는 규례에 따라 찬성에 추증하지만 나는 전에 허락하지 않았다. 5월에 상(문효세자 죽음)을 당하고 나서야 비로소 교지를 내리니 빈이 두려워서 어찌할 바를 몰랐다. 집안사람이 분황(죽은 사람에게 벼슬이 추증되면 자손이 행하는 의식)을 하려고 청하자 빈이 말리며 말하기를, "추증은 나라의 법전에 있는 바라 감히 받지 않을 수 없지만, 또 어찌 감히 성대하게 하겠는가?" 하였다.

이에 내가 빈에게 애석하여 매번 은전을 베풀었는데도 음식과 의복이 궁희(궁중 여인)만 못하였다. 빈은 비록 절약하고 검소했지만 오히려 군색한 이들을 염려하여 번번이 궁중 사람에게 너그러이 빌려주었다. 죽고 나니 상자에 남은 비단이 없어서 염습에 필요한 물품을 모두 시장에서 가져 왔고 생전에 은수저를 만들지 않아서 반함(죽은 사람의 입에 구슬이나 쌀을 물림)을 할 때 버드나무로 대신했다. 궁인들이 눈이 휘둥그레져서 서로 말하기를, "빈이 검약한 것은 알았지만 청빈함이 이에 이른 것인가?" 하였다.

빈의 두 오빠가 가난하여 스스로 살아가지 못하였으나 사사로이 보살핀 적이 없었다. 내가 나무라며 말하기를, "조정의 관작은 진실로 부당하게 줄 수 없는데, 너는 어찌 남는 녹봉으로 저들을 배고픔으로부터 구원하지 않느냐?" 하였다. 빈이 걱정하며 대답하기를 "궁방이 설치된 후 단 하나의 물건도 제멋대로 쓰지 않았는데,

어찌 감히 사가의 천한 사람들에게 도움을 주는 재물로 쓰겠습니까?" 하였다. 이런 까닭에 빈의 장례 때 그의 친족들이 옷과 신발을 다른 사람에게 빌렸다고 한다.

후궁의 가족 중 관직이 없는 자는 비록 궁중에 출입할 수 없으나 본궁에서 만나는 것을 허락하는 관행이 있었다. 그러나 빈은 나가서 본궁에 머무르면서도 여러 해 동안 가족을 만나지 않았고 기거하는 문 앞에서도 만나지 못하게 하며 말하길, "만나러 올 때 아뢰고 허락을 받지 않았으니 불러 볼 수 없다." 하였다. 무릇 형제가 가난하면 돕고자 하고 부모와 오랫동안 떨어져 있으면 만나고자 하는 것이 인지상정이니 빈이라고 어찌 남과 다르겠는가? 내가 내린 명령은 하나라도 마음내로 하지 잃있다는 것은 이를 통해 충분히 알 수 있다.

궁에서 산 지 20여 년인데 일찍이 남에게 눈을 부릅뜨고 화를 내는 일이 없었다. 혹 일을 처리하며 말하기 곤란하거나 의심되는 상황이라 해도 반드시 완곡하게 말하여 타당하게 처리하였다.

나는 평소에 바깥의 말을 안으로 가지고 들어오지 않았고, 빈 역시 조용히 따르는 데 익숙하여 술자리의 화제가 집 밖으로 퍼져나가지 않았다. 내가 가끔 거처에 이르면 부리던 궁녀들이 모두 두려워 숨고 감히 앞에 나아오지 않았으니 스스로 부지런히 근신하고 아랫사람을 엄격하게 다스리는 것이 또한 이와 같았다.

바느질에 민첩하고 요리를 잘한 것은 예사로운 일이나 글씨 또한 뛰어났으며 널리 수리학에도 통달하여 능히 깨우치곤 했다. 대개 신식(불교에서 말하는 신령한 인식)이 열려 가는 곳마다 밝게 깨달으니 단지 재주와 기예를 갖춘 것만이 아니다. 아아, 빈의 장례에 반드시 내가 명(銘)을 쓰는 것이 어찌 재주와 얼굴을 잊지 못해서 그러하겠는가?

나는 궁의 하인들을 다스리는 데 있어 엄격하게 하고 가까운 사람에게는 힘들게 하여 일을 처리하고 명을 받드는 것이 내 뜻에 맞을 때가 적었다. 빈은 후궁의 대열에 든 지 20년이 되는데 훈령과 규칙을 명심하여 한 치의 실수도 하지 않았다. 응대할 때는 법도가 있었고 밤낮으로 부지런하여 처음과 끝이 한결같았다. 이것은 뛰어나게 현명하다 해도 진실로 어려운 일이다.

자신의 본분을 각별히 신중하게 지켜 위계의 엄격함을 밝혔으며, 사적인 일로 찾아보고 청탁하는 일을 경계하여 그것이 가득 차면 기울어지는 두려움을 경계하였으니 이는 더욱 어려운 일이다.

이제 의리에 관계되는 것이 매우 크고 옳고 그름이 분명하지만 감히 입을 열 수 없는 처지와 손을 쓸 수 없는 형세임에도 오히려 정성과 힘을 다해 나아가 간직한 의리를 마침내 합당한 곳으로 돌아가게 하는 것은 글을 읽는 선비들도 쉽게 할 수 있는 일이 아니다. 만약 그러한 사람이 있다면 능히 대절(大節)[56]을 섬겼다고 할 수 있다. 전파하여 당대의 미담과 후일의 평가할 만한 일로 삼을 것이다.

빈의 경우 출신이 가난하고 보잘것없어 스승으로부터 배움도 없었지만, 후궁의 도리를 처음부터 배우지 않아도 알았다. 내전을 위하는 걱정과 정성은 귀신이 보증할 만하고 쇠와 돌도 뚫을 만하다. 자신이 존귀하고 영화로운 것을 기쁘게 여긴 적이 없었고, 충성스러운 마음과 간곡한 말로 반드시 내전을 위해 이바지하고자 했다. 장차 죽을 때의 슬픈 소리는 평생의 지극한 바람을 담은 것이다. 비록 옛날의 죽음으로써 간언하는 충성과 칼로 배를 찌르는 정성이라도 이보다 더하지 못할 것이며 덕을 베푸는 행실은 순수하여 본연의 공명정대함에서 나온 것임을 알 수 있다.

어진 아들을 낳아 영광스럽게 왕세자의 지위를 계승하여 나라의

---

56) 대절(大節): 크게 빛나는 절조(節操).

형세를 반석에 올려놓은 공로가 있고 왕실의 번창을 위한 경사가 있었으나 국운이 불행하고 하늘의 이치가 어그러져 올여름에 세자가 죽는 변을 당했다. 또 얼마 지나지 않아 뱃속에 있는 아이와 함께 하루아침에 죽었으니 빈의 행적이 장차 이 세상에서 사라질 것이다. 그 탁월한 언행을 내가 기록하지 않는다면 사라지게 되는 것을 누가 알고 애석하게 여기겠는가? 이것은 단지 빈의 한뿐만 아니라 문효의 한이 될 것이다. 마침내 대략 찬술하였는데 깨닫지 못하는 사이에 말이 길어졌다.

빈은 계유년(1753년)에 태어났고 향년 34세이다. 1남 1녀를 낳았는데 아들은 문효세자이고 딸은 해를 넘기지 못하고 요절했다. 빈의 본관은 창녕이다. 창녕 심씨는 고려의 중윤 벼슬을 지낸 인보가 시조이다. 중윤(인보)의 아들은 문하시중을 지낸 송국이다. 삼대를 전하여 비로소 본조(조선)에 들어오니 여완은 검교정승을 지냈으며 시호는 문정이다. 문정의 장자는 석린, 차자는 석용이다. 삼자는 석인으로 예조판서 대제학을 지냈고 시호는 정평인데 빈의 선조이다. 중간에는 집안이 쇠락하여 계보를 잃어버렸다. 7대조 만종은 제릉(齊陵)57)참봉, 고조 경은 군자감 정을 지냈다. 아버지 윤우는 찬성에 추증되었고 어머니 임씨는 정경부인에 추증되었으며 인의를 지낸 종주의 딸이다.

명(銘)을 지어 말한다.

하늘을 따라 순리에 맞게 행동하는 것을 돈행이라 하고, 말로 사람을 감동시키는 것을 지언이라 한다. 돈행을 실천하고 지언을 말했으나 복록이 덕에 미치지 못했으니 운명인가 보다. 저 저 고요

---

57) 제릉(齊陵): 조선 태조 이성계의 정비(正妃)인 신의왕후(神懿王后, 1337년~1391년)의 능이다. 북한 보존급문화재 제556호로, 황해북도 개풍군 대련리 부소산 남쪽 기슭에 있다.

한 언덕은 문효가 묻힌 곳이다. 영원히 서로가 지켜줄 것이나 오랜 세월 동안 배회할 것을 생각하며 상심하노라.

〈御製宜嬪墓誌銘〉

宜嬪成氏是文孝世子之母也　文孝以丙午五月逝　越六月甲申嬪又歿　歿之越三月庚寅　葬于高陽郡之栗木洞　實文孝墓左岡壬坐之原也　嬪自失文孝　常願死則歸葬于其墓側　今乃遂其願　尙能紓嬪之恨　而慰文孝之靈乎　嗚呼悲夫

嬪生而瑩慧　甫周歲能卜姓名字　容儀脩潔端凝　祥和藹然　踰十歲選入掖庭　戚里家婦女之出入大內者　皆認以閥閱種子　天稟絶異　能持謙恭而行儉約　至於義理大處　明辨確守不少變也

承恩之初　以內殿之姑未誕育　涕泣辭以不敢　矢死不從命　予感之不復迫焉

後十五年　廣選嬪御　復以命嬪又固辭　至責罰其私屬　然後乃從命　自當夕之月卽有身　以壬寅九月誕元良　是歲封昭容旋進秩宜嬪　以子貴也

自是益自抑畏　事內殿備盡誠禮　侍寢則曰　從今國勢有托而上有內殿　且有嬪御　其又敢當夕乎　輒切諫而辭避焉

內殿旣取其子　子之若其養育之節　必任於其所生母　卽國朝故事也　嬪惟罔敢自專　而聽於內殿　內殿使自養　以待稍長則撫視惟謹　夜必明燭達朝　未嘗解衣而寢者　五年如一日躬執賤役　言語極其尊敬　或言其太過　則曰儲君也內殿之子

也 我何敢以己出而自尊乎

居處僅蔽風雨 服食務從菲薄曰 我之有今日榮貴 分已侈矣
顧益自誇而自肆 豈惟於身爲災尙可曰爲東宮惜福云乎哉

及遭五月之變 能以理譬遣未嘗形于辭色 人或怪其恝然 則
曰吾身非自有也 見今宗國之危凜然如髮 而幸吾有娠 若任
情肆悲縱 吾不自恤 如得罪宗國

何其遘疾也 症形非醫藥所治 彌月沈頓 而日必盥頮 爲予
之臨視也 雖在精神迷亂四體不運動之時 對予則輒斂容作
氣 應答如響屬

纊之前夕 予臨問則忽辭致悽惋 淚隨言零 予責之曰 平日
未嘗以慽容見予 今反如是何也 嬪曰 內殿之慶膺斯男 生
前至祝也 賤臣之復有子 雖爲宗社深幸 而竊不勝私心之憂
畏 今果福逾分而病至革矣 一死不足怛 而惟以宿願之未獲
爲臨死之憾焉 或望頻御正殿 勤求嗣續 則方來之慶 亦將
懽忻於地下云 予感而頷之

及詰朝起正衣就席而訖 予入視已無奈矣 嬪所以爲宗國爲
內殿者 苟非至誠無僞 則顧何能之死不忘若是其惓惓乎

內殿嘗服其誠意 親愛無間 悼喪之懷 若失同氣 一宮之人
皆咨嗟稱惜 至於痛哭奔號焉

嬪自受爵 予之操切益嚴 往往有人所不堪 而處之怡然 一
意承順 或事係干恩 尤瑟縮斂遠 愈執其謙

嘗以嬪家山地之不利 方議改葬 嬪諫曰 以賤家事至煩公費
實非私意之所敢安 予言 其有所重而不可獲已 則曰 願自

賣衣服以補葬需云

東宮外家私親例 贈贊成而予曾不許 至五月喪後始降官敎 嬪懼不自勝 家人請行焚黃之禮 嬪止之曰 貤贈卽國典所在 不敢不祗受 而又安敢張大

乃爾予於嬪 每惜其恩數 饎爨絲枲之用 反不如宮姬 嬪雖 折節從儉乎 尚患艱窘 輒假貸於宮中人 及其歿也 篋無餘 帛 斂襲之具 皆取於市 生時不造銀匙 其飯含也 以柳代之 宮人輩瞠然相語曰 固知嬪之守約而其貧乃至此乎

有二甥窮竇無以自存 而未嘗有私與焉 予詔之曰 朝家官爵 固不當濫授 而爾獨不以俸餘 救其飢寒乎 嬪戚然而對曰 設宮房以後 不敢擅用一物 況敢爲私家賤人沾丐之資乎 故 嬪之喪 其親屬率 借其衣靴於人云

宮嬪私親之無職名者 雖不通籍於禁中 而許接見於本宮故 事 則然嬪之出寓本宮也 私親之積年貽阻者 使不得造門起 居曰 來時未敢稟承不可召見云 夫兄弟之顚連欲其庇覆 親 懿之離闊欲其團樂 此人之常情 嬪豈獨異於人哉 其謹守予 敎 令無一事自專 斯足以驗也

處宮閫二十有餘年 未曾與人睚眦 或事有難言地偪嫌疑 而 必委曲宛轉 自至妥當

予居常不以外言入內 而嬪亦習於循默 酬酢不出於户庭 予 或臨止 則所使之宮婢 皆惶匿不敢前 其自飭之勤 而嚴於 御下 亦如此

敏女紅善烹飪 卽其餘事 而筆翰亦自超凡 旁通數理之學 便能領會 蓋其神識開悟 觸處皎如 非特才藝之全備而已

嗚呼 嬪之葬 必用予銘 豈爲才色之不忘乎哉

予御宮掖嚴而近苛 給事承令少可於意 嬪之置後庭之列廿載于兹 而佩訓飭則尺寸無失慎 應對則規度自有 夙夜匪懈終始如一 此其出類之賢固已難矣

恪守常分 明乎等級之嚴 痛絕私謁 戒其盈成之懼 此其尤難者也

今夫義理之關係至大 是非孔彰 而地處之有不敢開口 事勢之有莫可容手 猶能積誠竭力 直前無退 使所執之義理 終歸於至當至正之地者 此讀書士夫之所未易辨 而一有其人 則指以爲能事大節 傳爲當世之美談 後日之尚論

若嬪者出自寒微 不資師承 小星之女歸妹之娣 初未學而知之 而若其爲內殿之苦心血忱 神祇可質也金石可透也 一身之尊貴恩榮 曾不足以爲樂 而耿耿之衷懇懇之辭 必欲自效於內殿 乃以將死之哀鳴 獲遂平生之至願 雖古之尸諫之忠剚腹之誠不是過也 而其執德持心純然出於本然之公有可徵矣

宜其篤生賢子 光承儲位 功存國勢之磐泰 慶毓公族之熾昌 而邦運不幸神理多舛 遽見今夏之喪變 又未幾何 與其在腹之兒一朝歸化 嬪之跡其將泯沒於斯世矣 其言行之卓卓可紀 非予述之有孰傳之 而知其爲泯沒之可惜乎 此不惟爲嬪之恨而爲文孝之恨也 遂撰次梗槩 不覺其言之長云爾

嬪以癸酉月日生 得年三十有四 擧一男一女 男卽文孝 女生未踰歲而夭 嬪昌寧人 昌寧之成以高麗中尹仁輔爲鼻祖 中尹之子曰松國門下侍中 傳三世而始入本朝曰汝完檢校

政丞諡文靖 文靖長子石璘次石瑢次石因禮曹判書大提學諡靖平 是爲嬪之先 而因中微間失譜系云 七代祖萬種齊陵參奉 高祖景軍資監正 父曰胤祐贈贊成 母曰林贈貞敬夫人引儀宗冑女也

銘曰 行之循乎天者敦行 言之感乎人者至言 躬敦行而口至言 祿之不酬德殆命焉 彼窈栗阡 文孝攸藏兮 永言相守 想百世徊徨而咨傷兮

의빈 성씨 묘비(고양시 서삼릉)

드디어 황제에 오르다

卽阼堂 즉조당

고종(高宗)

서울특별시 중구 세종대로 99 덕수궁

즉조당(即阼堂)은 고종이 1897년(광무 1년) 러시아공사관에서 덕수궁으로 돌아와58) 대한제국을 선포하고 황제가 머무는 임시 정전으로 사용한 덕수궁 전각이다. 그리고 궁의 정전으로 사용되면서 당(堂)에서 전(殿)으로 등급을 올려 이름을 태극전(太極殿)으로 바꿔 불렀으며, 이듬해는 다시 중화전(中和殿)으로 그 이름을 바꾸었다. 즉조당 건물이 정전으로 사용하기에는 너무 좁아 1902년(광무 6년)에 덕수궁의 정전으로 사용할 중화전을 새로 건립한 후에는 다시 본래의 이름인 즉조당으로 불리게 되었다. 이후 즉조당은 1904년(광무 8년)의 덕수궁 대화재로 불에 타 없어졌던 것을 이듬해 1905년(광무 9년)에 다시 세워 현재에 이르고 있다.

덕수궁은 임진왜란 때 의주까지 피난 갔던 선조가 서울로 돌아와 불에 타 없어진 경복궁을 대신하여 임시 행궁(정릉동행궁貞陵洞行宮)으로 삼았던 곳이다. 당시 월산대군이 살았던 집과 그 주변의 민가를 합쳐 임시 행궁으로 만든 것이다. 이곳에서 선조의 뒤를 이은 광해군은 경운궁(慶運宮)으로 이름을 바꾸었다. 그리고 1623년에 광해군의 폭정에 맞서 반정을 일으킨 인조가 유폐되어 있던 인목대비를 이곳으로 모셔와 반정을 인정받고, 임금의 자리에 올라 즉위식을 거행하였는데, 이 즉위식을 거행한 건물이 바로 '즉조당'이다. '즉조(卽阼)'는 '즉위(卽位)'와 같은 뜻으로, 인조가 이곳에서 임금의 자리에 오른 것을 기

---

58) 아관파천(俄館播遷)을 끝내고 덕수궁으로 돌아온 것을 이르는 말.

념하기 위해 붙인 이름인 것이다.

　즉조당에도 卽阼堂(즉조당)이라 쓴 매우 화려하고 고급스러운 현판이 있다. 현판 글씨는 고종의 친필이다. 즉, 임금이 썼으니 어필이다. '즉(卽)'자 옆에 당당하게 '어필(御筆)'이라 쓴 글씨가 보이고, '당(堂)'자 옆에는 '광무구년을사칠월 일(光武九年乙巳七月 日)'이라는 작은 글씨가 있다. 1905년(을사년) 7월 어느 날에 임금이 직접 썼다는 말이다.

　『경운궁중건도감의궤(慶運宮重建都監儀軌)』에 의하면 고종이 8월 10일에 직접 씨서 제작한 즉조당(卽阼堂), 경운궁(慶運宮), 석어당(昔御堂)의 세 개의 현판을 걸었다고 기록되어 있다. 같은 날 걸었던 이 세 개의 현판은 모두 흑색 바탕에 금색 글자이며, 현판 좌측의 '광무 9년 을사 7월 일(光武九年乙巳七月 日)'이라는 관지 내용과 칠보문양이 그려진 현판 테두리 등은 전반적으로 같은 양식으로 만들어졌다. 그리고 현판을 만드는 데 사용된 재료와 그 쓰임 양이 모두 같다. 이같이 고종은 1904년 대화재로 소실된 전각을 재건하며, 한 번에 세 개의 현판을 만들어 전각에 다는 것으로 그 기쁨을 표현했다.

　원래 즉조당이라는 이름은 영조가 이곳(경운궁)에 들러 인조가 임금으로 즉위한 것을 기념하기 위해 '계해즉조당(癸亥卽阼堂)'이라는 편액을 써서 걸게 함으로써 이름이 생겨났으며, '계해즉조당(癸亥卽阼堂)'의 뜻은 '계해년(1623년)에 인조가 임금에 즉위한 집'이라는 뜻을 나타내는 것이다. 『조선왕조실록』에 기록이 보인다.

> "임금이 황화방(皇華坊) 명례궁(明禮宮)에 거둥하였다. 명례궁은 곧 인조(仁祖)가 계해년에 즉위한 곳으로, 본래의 이름은 경운궁(慶運宮)이었다. 임금이 「실록(實錄)」을 상고하도록 명하여 이를 알고 마침내 거둥하여 살펴본 것인데, '양조에서 모두 거둥하셨다(兩朝皆御)'는 네 글자와 '계해년에 즉위하신 당(癸亥卽阼堂)'이라는 다섯 글자를 친히 쓰고, 게판(揭板)하도록 명하였으니, 대개 선묘(宣廟, 선조)께서도 또한 임진년 이후에 이 궁에서 거처하였기 때문이다."
>
> 上幸皇華坊明禮宮. 宮卽仁祖癸亥卽位之所, 本名慶運宮. 上命考實錄而知之, 遂臨幸看審, 親書 '兩朝皆御' 四字, 及 '癸亥卽阼堂' 五字, 命揭板, 蓋宣廟亦於壬辰後, 御此宮故也.
>
> 〈영조실록〉 113권, 영조 45년 11월 2일 1769년

이처럼 지금의 즉조당(卽阼堂) 현판은 인조가 왕위에 즉위한 것처럼 고종 자신도 황제에 즉위한 것을 나타내고자 한 것이며, 1904년 덕수궁 대화재로 소실된 즉조당 건물을 다시 재건하고 이전의 영조가 걸었던 계해즉조당(癸亥卽阼堂) 현판을 대신하고자 한 것이다.

또 다른 고종황제 어필 현판, 緝熙집희

서울특별시 종로구 율곡로 99 창덕궁 관물헌

여기 또 다른 고종황제의 어필을 소개한다. 어필 현판은 창덕궁에도 남아있다. 〈緝熙집희〉라는 현판이다. 1864년(고종 1년) 고종이 13세 때 직접 쓴 글씨이다. '계속하여 밝게 빛난다'라는 뜻을 지니고 있다. 임금에 오른 지 얼마 되지 않은 고종이 앞으로 나라를 잘 이끌어 가겠다는 의지를 표현한 것이다. 글씨는 삐뚤삐뚤하고 크기도 조절이 잘되지 않았지만, 13세 소년의 당찬 포부가 느껴진다. 임금의 글씨라서 현판을 고급스럽게 치장하였다. 검은색 바탕에 황금색 글씨로 제작하여 시각적 효과가 돋보인다.

緝熙(집희)라는 말은 『시경詩經』〈대아문왕大雅文王〉 편에 나오는 글귀이다.

昌德宮 觀物軒 창덕궁 관물헌

'穆穆文王 於緝熙敬止(목목문왕 오집희경지)'

깊고 큰 덕을 지니신 문왕이시여, 오오! 세상을 계속 밝게 비추어 공경할 뿐이로다.

이것으로 볼 때, 어린 나이의 고종 임금이 즉위한 지 1년밖에 되지 않은 시점에서 초심을 잃지 않고 새롭게 나라를 경영하려는 당찬 의지를 현판에 새긴 것으로 볼 수 있다.

대웅전 최초의 한글 현판

큰법당

금인석(琴仁錫)

경기도 남양주시 진접읍 봉선사길 32

봉선사 일주문

경기도 남양주시에 위치한 봉선사에 가면 한글 현판을 볼 수 있다. 우리나라 최초의 사찰 내에 있는 한글 현판이다. 봉선사는 절 초입에 있는 일주문(一柱門)부터 흥미롭게 우리의 눈길을 사로잡는다. 한글로 현판을 달았기 때문이다. 현판은 한글로 '운악산 봉선사'라고 두 줄 세로로 쓰여 있다. 새로운 운치가 있다.

여기서 소개하려는 한글 현판은 사찰의 가장 중심 건물인 대웅전에 걸려 있다. 대웅전은 석가모니 부처를 모신 건물로 사찰을 대표하는 중심 건물을 말한다. 그래서 사찰 대부분은 대웅전을 절의 중심으로 삼는다. 물론 봉선사도 대웅전이 이 절의 중심이 된다. 절을 대표하고 중심이 되는 대웅전에 한글 현판이 걸려 있다는 것만으로도 우리에게 보여주는 바가 매우 크다. 이 대웅전에 걸려 있는 한글 현판은 '대웅전'이란 한자어를 순우리말로 표현하여 '큰법당'이라고 하였다. 그리고 큰법당 기둥의 주련(柱聯)도 한자가 아니라 한글로 썼다.

직접 가서 보면 꽤 잘 어울린다는 느낌을 받는다. 한자 현판과는 또 다른 정감이 느껴진다. 무게감도 그다지 떨어지지 않는다. 지금부터라도 순우리말 한글 현판을 대중화한다면 어색하지도 않고 오히려 친숙해질 것이다.

조계종 제25교구 본사인 봉선사는 969년 고려 광종 20년에 법인국사(法印國師)가 남양주 운악산(275m) 자락에 창건하였고 운악사(雲岳寺)라 하였다. 이후 세종대왕 때에 절을 폐지하였으나, 1469년 조선 예종 1년에 세조의 왕비인 정희왕후가 세조의 광릉(光陵)을 보호하고 추모하기 위해 봉선사(奉先寺)라 이름 붙이고 원찰[59]로 삼았다. 봉선(奉先)이란 이름은 선왕인 세조를 잘 받들겠다는 의미가 담겨 있다. 원찰의 기능을 유지하던 중 임진왜란, 병자호란을 거치며 피해를 많이 받았으나, 여러 번 다시 고쳐 지었다. 그러다 1951년 6.25 전쟁의 피해로 절이 완전히 불에 타 없어졌다. 전쟁이 끝난 후 중건 사업이 단계적으로 진행되었다.

봉선사 대웅전

1959년 범종각을 세우고, 1963년에는 운하당(雲霞堂)을 세웠다. 그리고 1970년에 주지 스님인 운허(耘虛)60) 스님이 사찰의 중심인 대웅전을 중건했다. 중건하고 대웅전의 현판도 '큰법당'이라는 한글 현판을 달았다. 이 '큰법당' 현판은 운허 스님의 부탁을 받은 서예가 운봉(雲峰) 금인석(琴仁錫)61) 선생이 썼다.

운허 스님이 한글 현판을 달게 된 데에는 그만한 이유가 있다. 운허 스님은 일제강점기에 항일독립운동에 투신하였으며, 광복 이후엔 불교 경전을 한글로 번역하는 일에 매진하면서 불교 대중화에 앞장섰다. 이 불교 대중화 작업의 하나로 불경을 우리말로 쉽게 번역하였으며, 봉선사의 중심 건물인 대웅전의 현판을 한글로 이름 지은 것이다. 그리고 큰법당과 조사전의 주련도 한글로 썼다. 이 주련은 석주 스님의 글씨이다. 이것들은 우리나라 사찰 법당 가운데 최초의 한글 현판이다. 정말 파격적이다.

---

60) 운허(耘虛): 1892년~1980년. 속명은 학수, 법호는 운허, 법명은 용하. 1892년 평안북도에서 태어났으며, 독립운동을 하다가 불가에 귀의하였다. 광복 후 광동중학교를 설립하는 등 교육자로서 큰 업적을 남겼다. 다수의 경전을 한글로 번역해 보급하는 데 앞장섰다.
61) 금인석(琴仁錫): 1921년~1992년. 선전 작가이며 원로서예가이다. 경북 영일에서 태어났으며, 호는 운봉(雲峰)이다. 석재 서병오 선생을 스승으로 모시고 글씨를 배웠다. 어린 시절 이미 선전에서 4회 입선한 바 있으며, 일본학생서도전에서 특선 3회 입상하였고, 일본문부대신상을 수상하기도 했다. 한국서예 10대가의 한 분으로 광복 후 국전 창설위원으로 국전 개최의 기틀을 마련하였다.

봉선사에서 빼놓을 수 없는 문화재가 하나 있다. 동종(銅鍾)이다. 동종은 1469년(예종 1년) 봉선사를 세울 때 함께 조성한 것이다. 보물 제397호. 높이 238㎝, 입지름 168㎝로 조선시대 범종으로는 매우 큰 편이다. 동종의 몸체 한복판에는 모든 죄가 소멸하고 공덕이 생겨난다는 의미를 지닌 '옴마니반메홈' 여섯 글자를 양각으로 표현해 놓았다. 또한 종의 조성 내력과 부역자 등에 관한 내용을 새겨 넣었다. 이에 따르면 1469년 세조비 정희왕후가 세조의 명복을 빌기 위해 봉선사를 세울 때, 함께 주조한 깃으로 되어 있다. 왕실에서 발원하여 만들어진 것이다. 이 동종은 조선 초기 대형 범송 가운데 가상 형내가 안정적이고, 무늬가 매우 정교하게 표현된 대표적인 작품이다.

봉선사는 파격 그 자체다. 그래서 묘한 매력이 있다. 우리들이 예상하지 못한 파격이 절 안에 고스란히 담겨 있다. 현판의 한자와 한글, 콘크리트로 지은 대웅전, 천주교 신자가 만들었다는 석조관음보살상, 그리고 종이로 만든 괘불 등이 여느 절과는 다른 파격의 연속이다. 파격이 모여 조화를 이루고 있으니 이는 이 절을 중건한 운허 스님의 뜻이 그대로 반영된 멋진 공간이라 할 수 있다.

조계종 25교구 본사

1945년 광복으로 우리나라 불교의 고유성을 되찾는 운동이 전개되었다. 그 일환으로 1954년에서 1962년까지 승단정화(僧團淨化)의 기치를 내세워 1962년 4월 12일 통합종단인 대한불교 조계종이 발족되었고, 25교구(敎區) 본산 제도가 실시되었다.

그러나 불교의 사찰은 종단에서 직영하는 것도 있고, 개인이 세운 것도 있고, 역사가 깊은 전통사찰도 있는 등 소유 형태가 다양해서 천주교의 교구만큼 체계적이지는 않다.

우리나라에서 가장 큰 규모인 대한불교 조계종의 경우, 25개의 교구를 두고 있다. 교구에는 교구본사가 있으며, 그 아래에 말사들을 두어 관리하는 체제이다. 교구본사는 다음과 같다.

제1교구: 대한불교총본산 조계사(大韓佛敎總本山 曹溪寺) 서울시 종로구 우정국로 55
제2교구: 화산 용주사(花山 龍珠寺) 경기도 화성시 용주로 136
제3교구: 설악산 신흥사(雪嶽山 神興寺) 강원도 속초시 설악산로 1137
제4교구: 오대산 월정사(五臺山 月精寺) 강원도 평창군 진부면 오대산로 374-8
제5교구: 속리산 법주사(俗離山 法住寺) 충북 보은군 속리산면 법주사로 405
제6교구: 태화산 마곡사(泰華山 麻谷寺) 충남 공주시 사곡면 마곡사로 966

제7교구: 덕숭산 수덕사(德崇山 修德寺) 충남 예산군 덕산면 수덕사안길 79

제8교구: 황악산 직지사(黃嶽山 直指寺) 경북 김천시 대항면 직지사길 95

제9교구: 팔공산 동화사(八公山 桐華寺) 대구시 동구 동화사1길 1

제10교구: 팔공산 은해사(八公山 銀海寺) 경북 영천시 청통면 청통로 951

제11교구: 토함산 불국사(吐含山 佛國寺) 경북 경주시 불국로 385

제12교구: 가야산 해인사(伽倻山 海印寺) 경남 합천군 가야면 해인사길 122

제13교구: 지리산 쌍계사(智異山 雙磎寺) 경남 하동군 화개면 쌍계사길 59

제14교구: 금정산 범어사(金井山 梵魚寺) 부산시 동래구 우장춘로 157-59

제15교구: 영축산 통도사(靈鷲山 通度寺) 경남 양산시 하북면 통도사로 108

제16교구: 등운산 고운사(登雲山 孤雲寺) 경북 의성군 단촌면 고운사길 415

제17교구: 모악산 금산사(母嶽山 金山寺) 전북 김제시 금산면 모악15길 1

제18교구: 백암산 백양사(白巖山 白羊寺) 전남 장성군 북하면 백

양로 1239

제19교구: 지리산 화엄사(智異山 華嚴寺) 전남 구례군 마산면 화엄사로 539

제20교구: 조계산 선암사(曹溪山 仙巖寺) 전남 순천시 승주읍 선암사길 450

제21교구: 조계산 송광사(曹溪山 松廣寺) 전남 순천시 송광면 송광사안길 100

제22교구: 두륜산 대흥사(頭崙山 大興寺) 전남 해남군 삼산면 대흥사길 400

제23교구: 한라산 관음사(漢拏山 觀音寺) 제수 제주시 산록북로 660

제24교구: 도솔산 선운사(兜率山 禪雲寺) 전북 고창군 아산면 선운사로 250

제25교구: 운악산 봉선사(雲岳山 奉先寺) 경기 남양주시 진접읍 봉선사길 32

충절의 종가집

三可軒 삼가헌

이삼만(李三晚)

대구광역시 달성군 하빈면 묘동4길 15

삼가헌(三可軒)은 당호(堂號)이다.

'삼가헌(三可軒)'이란 당호는 『중용(中庸)』의 다음 글귀에서 따온 것이다.

공자가 이르기를, 孔子曰(공자왈)
천하의 국가도 고루 다스릴 수 있고, 天下國家可均也(천하국가가균야)
벼슬과 녹봉도 사양할 수 있으며, 爵祿可辭也(작록가사야)
시퍼런 칼날을 밟을 수도 있지만, 白刃可踏也(백인가도야)
중용은 불가능하다. 中庸不可能也(중용부가능야)

여기서 '삼가(三可)'는 위 『중용(中庸)』에서 가져온 것으로, 선비가 갖추어야 할 세 가지 덕목인 지(知), 인(仁), 용(勇)을 뜻한다.

세 가지 덕목을 뜻하는 삼가헌(三可軒)이라는 당호가 붙은 이 건물은 처음에 사육신 박팽년(朴彭年)[62]의 11대손인 박성수(朴聖洙)[63]가 1769년(영조 45년)에 대구시 달성군 하빈면 묘골과 가까

---

[62] 박팽년(朴彭年): 1417년~1456년. 사육신. 1434년(세종 16년)에 문과에 급제하고 성삼문 등과 함께 집현전 학사가 되어 세종의 총애를 받았다. 세종 사후 문종과 단종을 보필하던 중 1453년에 좌부승지(左副承旨)가 되었고, 1454년에 좌승지(左承旨)를 거쳐 1455년 충청도 관찰사가 되었다. 수양대군이 왕위에 오른 후 형조참판이 되었다. 1456년에 사육신의 한 사람으로 단종 복위를 모의하다가 김질의 밀고로 발각되어 고문을 받고 죽었다. 이후 숙종은 그의 관작을 복구시키고 이조판서로 추증하고, 충정(忠正)이라는 시호를 내렸다.

[63] 박성수(朴聖洙): 1735년~1810년. 기개와 도량이 뛰어났으며, 문학(文學)을 겸비하였다. 1769년(영조 45년) 고향인 하빈면 묘골에 삼가헌(三可軒)

운 이곳에 초가집을 짓고 살았으며, 자신의 호인 삼가헌을 당호로 삼은 것에서 유래한다. 그리고 지금 형태의 삼가헌 건물은 그의 아들 박광석(朴光錫)64)이 안채(1809년)와 사랑채(1826년)를 다시 지어 현재의 모습을 갖추게 된 것이다.

현판은 사랑채 건물 마루 위에 편안하면서도 기품 있는 글씨로 '三可軒(삼가헌)'이라 편액되어 있는데, 글씨는 창암 이삼만이 썼다. 그의 명성만큼 건물의 품격을 훨씬 더 높여주고 있다. 창암 선생은 주로 호남에서 활동한 명필인데, 이곳 경상도에 그의 글씨가 편액되어 있는 것이 참 의외로 다가온다. 삼가헌 박성수가 당시 명필로 이름난 창암 선생의 글씨를 부탁해서 받은 것인지, 아니면 창암 선생이 직접 이곳에 들러 글씨를 써 준 것인지는 알 수는 없지만, 이곳에서 보게 되니 무척 반가운 정감이 든다.

이런 멋진 현판을 달고 있는 삼가헌(三可軒)에는 아주 특별한 사연이 있다.

을 짓고 학문 연구에 힘썼다. 경세(經世)에 해박한 인물로 평가를 받았지만, 세상에 자신을 드러내지 않았다. 아들 박광석이 관직에 나아감에 따라 1807년(순조 7년) 부호군(副護軍)을 거쳐 첨지중추부사 겸 오위장(僉知中樞府事兼五衛將)에 임명되었다.

64) 박광석(朴光錫): 1764년~1845년. 1795년(정조 19년)에 과거급제하고 승문원에 나아갔으나 곧바로 고향인 하빈면 묘골로 내려와 10년 동안 부모를 봉양하며 살았다. 1805년(순조 5년) 성균관 전적을 시작으로 사헌부 감찰, 전라도 도사, 호조 참의 등 여러 벼슬을 역임하였다. 1832년(순조 32년) 안변 부사로 있을 때 파직당하여 고향으로 내려와 만년을 보냈다.

삼가헌의 집주인이 박팽년의 후손이라고 한다. 조금 의아스럽다. 박팽년은 단종복위사건[65]으로 세조에게 멸문지화(滅門之禍)[66]를 당한 사육신의 한 사람이다. 어떻게 멸문지화를 당한 사람이 후손이 존재할 수 있을까?

여기에는 기막힌 사연이 있다. 그것도 구전이나 전설로 내려오는 이야기가 아닌 조선시대를 대표하는 역사서인 『조선왕조실록朝鮮王朝實錄』과 『연려실기술燃藜室記述』에 그 사연이 기록되어 있다.

「선조실록」 선조 36년 4월 21일, 1603년.

> 忠後, 乃文廟朝忠臣朴彭年之後也. 世祖盡誅六臣之後, 而彭年之孫斐, 以遺腹得免. 及生, 賴其時哲, 詭稱生女, 名之以斐. 及點罪人, 輒以女奴代之, 以是獨脫, 得不絶祀. 忠後, 乃其曾孫也. 六臣中, 唯彭年有後云.

박충후는 문종조(文宗朝)의 충신 박팽년(朴彭年)의 후손이다. 세조(世祖)가 육신(六臣)을 모두 주살(誅殺)한 뒤에, 박팽년의 손자 박비(朴斐)는 유복자(遺腹子)이었기에 죽음을 면하였다. 갓 낳았을 적에 당시의 현명한 사람의 도움으로 딸을 낳았다고 속여서 말을 하고,

---

[65] 단종복위(端宗復位): 조선시대 제6대 임금인 단종이 그의 숙부인 수양대군에게 폐위되자, 박팽년(朴彭年)·성삼문(成三問) 등 사육신(死六臣)이 주동이 되어 복위를 시도한 사건.

[66] 멸문지화(滅門之禍): 집안이 모두 살육당하는 큰 재앙으로, 주로 반역죄의 형벌이다. 연좌제의 일종으로 남녀노소뿐만 아니라 혈족이 아니더라도 포함되었으며 그 집안에 소속된 노비까지도 처형되는 경우가 많았다.

이름을 비(婢)라고 했으며, 죄인들을 점검할 때마다 슬쩍 계집종으로 대신하곤 함으로써 홀로 화를 모면하여 제사가 끊어지지 않게 되었다. 박충후는 곧 그(박팽년)의 증손으로서 육신(六臣)들 중에 유독 박팽년만 후손이 있게 된 것이다.

「연려실기술(燃藜室記述)」제4권 / 단종조 고사본말(端宗朝故事本末)

公死時子珣妻李氏方有娠/大丘居喬桐縣監李軼根女分配時自求屬大丘/

朝命生男則殺之 朴之婢亦有 身自言主生女則幸矣. 雖或俱生男當以婢産代其死也.

及産主男婢女 易而子之名曰朴婢 及長成廟朝珣之友婿李克均按本道招見抆淚曰

汝旣長矣 何不自首而終諱於朝廷乎? 則使自首 上特宥之改名曰壹珊.

/則今朴同知忠後乃其後也 / 『長貧胡撰』, 『魯陵誌』

공이 죽을 때에 아들 순(珣)의 아내 이씨(李氏)가 임신 중이었다. / 대구(大邱)에 사는 교동(喬桐) 현감 이일근(李軼根)의 딸인데, 노비로 전락하여 나누어질 때 자청하여 대구로 갔다./
조정에서 명하기를, 아들을 낳으면 즉시 죽이라고 하였다. 박팽년의 여종 또한 임신 중이었는데, 스스로 말하기를, "주인이 딸을 낳으면 다행이지만, 나와 똑같이 아들을 낳더라도 종이 낳은 자식으로 대신 죽게 하리라." 하였는데, 마침 아이를 낳으니, 주인은 아들을 낳고 종은 딸을 낳았다. 바꾸어 자기 자식으로 삼고, 이름을 박비(朴婢)라 하였다. 장성한 뒤 성종조 때에 박순의 동서 이극균(李克均)이 본 도의 감사로 와서 불러 보고 눈물을 닦으며 말하기를, "네가 이미 장성하였는데, 어찌 자수하지 않고 끝까지 조정에 숨기는가?" 하고는, 곧 자수하게 하였다. 임금이 특별히 용서하고 이름을 일산(壹珊)으로 고쳤다. 지금 박 동지(同知) 충후(忠後)가 그 후손이다.

『장빈호찬(長貧胡撰)』[67], 『노릉지(魯陵誌)』[68]

이처럼 두 사서(史書)의 기록은 사육신 박팽년의 후손에 대한 기록으로 내용이 매우 흡사하다. 그리고 실제 달성군 하빈면 묘리에는 후손들이 거주하고 있다.

단종 복위를 도모하다 김질의 밀고로 박팽년을 비롯한 사육신들은 세조로부터 죽임을 당한다. 박팽년은 문종이 죽기 전에 어린 단종을 부탁했던 고명 신하 중의 한 사람이다. 고명을 받은 박팽년은 사육신들과 함께 단종 복위를 도모하였지만, 실패로 돌아갔으며, 수양대군 즉 세조의 회유를 뿌리치고 혹독한 고문을 당해 죽고 만다. 세조는 이에 멈추지 않고 그의 집안을 멸문지화로 몰고 갔다. 아버지 박중림과 형제인 박인년, 박기년, 박대년, 박영년을 모두 죽이고, 아들 박헌과 박순도 죽인다. 막내인 박분(朴苯)은 죽었다는 이야기도 있고 미성년자였기 때문에 노비가 되었다는 이야기도 있다. 그리고 집안 여자들은 모두 노비로 전락시켰다. 한마디로 집안이 풍비박산된 것

---

67) 「장빈호찬(長貧胡撰)」: 한성부좌윤(漢城府左尹)을 지내고 용성군(龍城君)에 봉해진 장빈자(長貧子) 윤기헌(尹耆獻,1548년~?)이 편찬한 책.

68) 「노릉지(魯陵誌)」: 1660년(현종 1년) 영월군수 윤순거(尹舜擧,1596년~1668년)가 단종과 관련된 모든 기록을 편찬한 책.

이다.

그런데 이때 둘째 아들 박순의 부인 성주 이씨가 당시에 임신 중이었다. 부인은 관노로 갈 바에는 친정아버지가 있는 경상도로 보내 달라고 요청하였다. 당시 친정아버지가 달성현감으로 있었기 때문이다. 부인은 요청이 받아들여져 대구 달성으로 가게 되었으며, 그곳에서 아이를 출산하였는데, 조정에선 아들을 낳으면 죽이고 딸은 낳으면 노비로 삼으라는 명령이 있었다. 아이를 낳고 보니 남자아이였다. 죽임을 당할 처지에 놓였는데, 부인을 모시던 옛 여종도 그 무렵 아이를 낳았다. 다행히 딸이었다. 그 여종이 옛 주인인 부인의 사연을 알고 자신이 낳은 딸과 부인이 낳은 아들을 바꾸어 서로 자식으로 삼았다. 이로 인해 박순의 아들은 살아남게 되었고, 박팽년의 후손은 끊어지지 않고 대를 이어갈 수 있었다. 바꿔 기른 아이의 이름은 박비(朴婢)라 하였다. 『조선왕조실록』에서는 그 이름이 박비(朴斐)로 기록되어 있다. 박비는 장성한 뒤 이극균(李克均, 박순의 동서)의 도움으로 조정에 자수하여 임금(성종)으로부터 특별히 용서를 받았다. 그리고 임금은 그의 기구한 사연을 듣고 이름을 일산(壹珊)으로 개명하여 하사하였다.

박비는 여종의 아들로 자랐지만, 실제로는 그의 외조부가 키웠다고 한다. 외조부의 극진한 사랑을 받은 박비는 외가의 땅이 있는 달성군 하빈면 묘골(묘리)에 정착하여 살았다. 이렇게 박비가 살아남아 박팽년 가문은 대를 이을 수 있었다. 그리고 박팽년은 죽은 지 235년 되던 해인 1691년(숙종 17년)에 관작이 회복되었으며, 1758년(영조 34년)에는 이조판서에 추증되었고 충정(忠正)이라는 시호를 받았다. 또 1791년(정조 15년)에는 단종충신어정배식록(端宗忠臣御定配食錄)에도 올랐다. 충정(忠正)이라는 시호를 받은 그는 순천박씨 충정공파(順天朴氏 忠正公派)의 파조(派祖, 1세)가 되었다.

이러한 사유로 대를 이은 박팽년 후손들은 박팽년을 파조로 삼아 순천박씨 충정공파(順天朴氏 忠正公派)로 분파하여 이곳 하빈면 묘리를 중심으로 전국으로 퍼지게 되었다.

순천박씨 충정공파順天朴氏 忠正公派 直系

- 파조(派祖, 1세) : 박팽년(朴彭年): 1417년~1456년, 사육신(死六臣), 형조 참판(刑曹參判), 충정공(忠正公)
- -2세 : 박순(朴珣):　　？ ~ 1456년, 진사(進士)
- -3세 : 박일산(朴一珊): ？ ~ ？, 사복시 정(司僕寺正)
- -4세 : 박계창(朴繼昌): 1523년~1571년, 소격서 참봉(昭格署參奉)
- -5세 : 박충후(朴忠後): 1552년~1611년, 오위도총부 부총관(五衛都摠府副摠管)
- -6세 : 박종남(朴宗男): ？ ~ ？, 사헌부 감찰(司憲府監察)
- -7세 : 박숭고(朴崇古): 1615년~1671년, 사간원 사간(司諫院司諫)
- -8세 : 박중휘(朴重徽): ？ ~ ？, 대흥 군수(大興郡守)
- -9세 : 박경유(朴慶裕): ？ ~ ？, 통덕랑(通德郎)
- -10세 : 박명리(朴命履): ？ ~ ？, 증 통정대부(贈通政大夫)
- -11세 : 박성수(朴聖洙): 1735년~1810년, 첨지중추부사 겸 오위장(僉知中樞府事謙五衛將)
- -12세 : 박광석(朴光錫): 1764년~1845년, 한성부 우윤(漢城府右尹)

　지금도 三可軒(삼가헌) 현판은 삼가헌의 가슴 아픈 사연을 담고, 충정공 집안 자손대대로 내려오는 충절의 기질을 창암 이삼만의 명필 휘호로 더욱 빛내주고 있다.

창암 이삼만이 남긴 현판

위창(葦滄) 오세창(吳世昌, 1864년~1953년)은 창암 이삼만에 대해 다음과 같이 평가하였다.

"창암은 호남(湖南)에서 명필로 이름났으나 법이 모자랐다. 그러나 워낙 많이 썼으므로 필세는 건유(健愈)하다."

창암의 이름이 알려지게 된 계기는 상인들과의 인연이 있었기 때문이다. 전주에서 사람들에게 글씨를 가르치고 있던 창암에게 장사를 하던 상인이 거래장부를 써 주기를 부탁하였다. 장부를 써 주었는데, 그 상인이 장부를 가지고 고향으로 돌아가 글씨를 감정하는 사람에게 보여주었다. 그 글씨를 보고 "명필이다"라며 감탄했다고 한다. 이후 전국의 방방곡곡을 다니는 장사꾼들 사이에서 창암의 글씨가 조선 제일의 명필로 전해지게 되었다고 한다.

명필 창암 이삼만은 누구인가?
조선 후기의 서예가이다. 호는 창암(蒼巖) 또는 강재(强齋)라 부른다. 본관은 전주(全州)이며, 어려서 이름은 규환(奎奐; 奎煥; 奎桓)이었으나, 학문이 늦고, 벗의 사귐이 늦고, 결혼까지 늦어서 스스로 '삼만(三晚)'으로 개명했다고 한다. 할아버지는 이우회(李友檜)이고, 아버지는 장사랑을 지낸 이지철(李枝喆)이다. 어머니는 김해김씨로 김정휘(金貞輝)의 딸이다.

평생을 글씨를 쓰는 데만 몰두하여 서예에 일가를 이루었다. 어려서부터 타고난 재주로 글씨를 잘 썼으나, 이에 자만하지 않고 연습에 연습을 다하여 마침내 이광사의 글씨를 본받아 독자적인 행운유수체(行雲流水體)를 창안하였다. 명필 창암은 오로지 전주를 중심으로 전라도에서만 활동한 서예가로서 서울의 김정희(金正喜)·평안도의 조광진(曺匡振)과 함께 조선 후기의 3대 명필로 불린다.

창암 이삼만과 추사 김정희의 만남에 대한 유명한 일화가 있다.

1840년(헌종 6년) 추사 김정희가 제주도로 유배를 가게 된다. 제주도로 가는 길에 전주를 거쳐 가면서 창암과의 만남으로 전설 같은 일화를 남겼다.

이삼만은 추사 김정희가 전주를 거쳐 간다는 이야기를 듣고, 나이 칠십에 설레는 마음으로 자기 글씨를 보여주고 싶었다. 추사가 머무르는 숙소로 제자들과 함께 찾아갔다. 정성스레 쓴 글씨를 추사에게 보이자 한참을 보던 추사가 한마디 한다.

"어르신께서는 이 고장에서 글씨로 밥은 먹고 살겠습니다." 하였다.

순간 정적이 흘렀다. 제자들 앞에서 수모를 제대로 당한 것이다.

평생을 글씨 쓰는 공부만 하고 노력한 대가가 이런 것인가? 그래도 호남지방에서는 나름 알아주는 명필이었는데, 이런 수모를 겪다니 창암은 무척이나 부끄러워하고 실망을 했다.

수모를 당한 창암은 일어서서 나가는 추사를 향해 한마디 했다고 한다.

"저 사람은 글씨는 잘 쓰는지는 몰라도, 조선 붓의 갈라지는 맛과 종이에 스미는 멋은 잘 모르는 것 같군."

이렇게 두 사람의 만남은 악연이었다.

1848년 추사는 유배에서 풀려난다. 집으로 돌아오는 길에 다시 전주에 들러 창암을 찾았지만, 애석하게도 3년 전에 세상을 떠나 만나지 못했다. 아마도 추사가 다시 창암을 찾아간 것은 일전의 품평에 대해 후회하고, 창암과 교류를 하고자 하는 마음이 있었기 때문일 것이다.

이런 일화를 남긴 창암은 호남지방에서는 독보적인 존재였다. 창암은 단지 글씨만 썼던 것이 아니라 1840년에는 그의 글씨 쓰는 법을 집대성한 『창암서결(蒼巖書訣)』을 저술하였다.

그가 평생에 걸쳐 남긴 글씨들이 아직까지도 호남지방을 중심으로 많이 남아 있다.

남긴 글씨는 대체로 서첩이 많이 있고, 많은 현판과 금석문이 호남지방을 중심으로 여러 사찰과 누정(樓亭)에 남아 있다.

현재까지 남아 있는 그의 현판 글씨 중 가장 대표적인 현판을 소개한다.

첫째, 충남 금산 보석사 〈대웅전〉, 둘째, 전남 해남 대흥사 〈가허루〉, 셋째, 전남 곡성 〈함허정〉, 넷째, 전남 구례 천은사 〈보제루〉의 현판.

〈大雄殿대웅전〉

충남 금산군 남이면 보석사1길 30

보석사는 885년 신라 헌강왕 11년에 조구선사(祖丘禪師)가 창건한 사찰이다. 절 이름은 창건 당시 절 앞산에서 캐낸 금으로 불상을 만들었기 때문에 보석사라 하였다. 임진왜란 때 소실된 것을 조선 고종 때 명성황후가 다시 세웠다.

충청남도 유형문화재 제143호로 지정된 보석사 대웅전은 정면 3칸, 측면 3칸 구조의 겹처마 맞배지붕 건물이다. 석가모니불·관세음보살·대세지보살을 모시고 있다.

이 대웅전 현판은 창암(蒼巖) 이삼만(李三晩)이 쓴 글씨로 그가 쓴 현판 중에서도 아주 뛰어난 편이며, 필력이 한창일 때 쓴 글씨로 힘이 가득 차 보인다. 동국진체의 맥을 잇고 있는 창암의 글씨라서 더욱 한국적인 정감이 든다.

〈駕虛樓가허루〉

전라남도 해남군 삼산면 대흥사길 400

이 가허루에도 아주 멋진 현판이 붙어있는데, 현판은 창암 이삼만이 썼다. 駕虛樓(가허루)란, 불교 사찰의 출입문 역할을 하는 누각이라고 국어사전에 나와 있다.

의성 고운사의 가허루가 이름이 나 있지만, 해남 대흥사에도 가허루가 있다.

해남 대흥사의 가허루는 정면 5칸, 측면 2칸으로 풍판이 달린 주심포 맞배지붕 건물로, 천불전으로 들어가는 유일한 출입문 역할을 한다. 구부러진 자연목을 띄워 문턱 사이에 공간을 만들어 2층 건물로 보이게 하고, 루(樓)라는 이름을 붙여 駕虛樓(가허루)라 하였다. 건물 중앙은 통로로 쓰이고, 나머지 공간은 창고로 사용되고 있다.

〈涵虛亭함허정〉

전라남도 곡성군 입면 제월리 1016

전라남도 유형문화재 제160호.

이 함허정(涵虛亭)에도 아주 멋진 현판이 붙어있는데, 현판은 창암 이삼만이 썼다.

함허정은 조선 중기 문사(文士) 제호정 심광형(霽湖亭 沈光亨) 선생이 만년에 학문을 닦고 유림들과 풍류를 즐기기 위해 1543년(중종 38년)에 건립한 정자이다. 이후 제호정의 증손인 구암 심민각(龜巖 沈民覺)이 동산 정상에 있었던 정자를 현재의 위치로 옮겼으며 그 후 여러 차례 중수하였다. 정면 4칸, 측면 2칸의 홑처마 팔작(八作)지붕이다.

정자에 서면 아래로 섬진강이 유유히 흐르고, 주위로는 거목이 울창하며, 멀리 우뚝 솟은 무등산이 보이는 입지 좋은 곳으로 천혜의 승경을 자랑한다.

둔암(鈍菴) 심광언(沈光彦)[69]이 함허정에 방문하여 이곳 승경에 감탄하고 삼공불환지(三公不煥地)가 바로 이곳이라 하였다 한다.

함허정 현판은 명필 창암 이삼만(蒼巖 李三晩)의 글씨로 거리낌이 없이 도량이 넓고 크다.

〈普濟樓보제루〉

보제루(普濟樓)란, 법당 대신 설법을 하고, 법요식을 거행하는 집회 건물을 말한다고 사전에 나와 있다. 즉, 보통명사이다. 이는 사찰이 갖추어야 할 중요하고 꼭 필요한 건물이라는 뜻이다.

---

[69] 심광언(沈光彦): 1490(성종 21년)~1568(선조 1년). 본관은 청송(靑松). 자는 언지(彦之), 호는 둔암(鈍菴). 어려서 부모를 잃고 불우하였으나, 학업에 정진하여 1525년 장원 급제하였다. 사간원정언, 사복시정, 부평부사 등을 지내고 대사간에 발탁되었다. 인종 즉위 후 전라도 관찰사가 되어 지방수령의 탐학을 감독하고, 민간에 효행과 절의를 장려하는 데 힘썼다. 이어서 형조판서·공조판서를 차례로 역임하였다. 성품이 검소하고 엄격하여 직무에 매우 공정하였다. 권세와 재물을 좋아하지 않았고, 직언을 잘하였다.

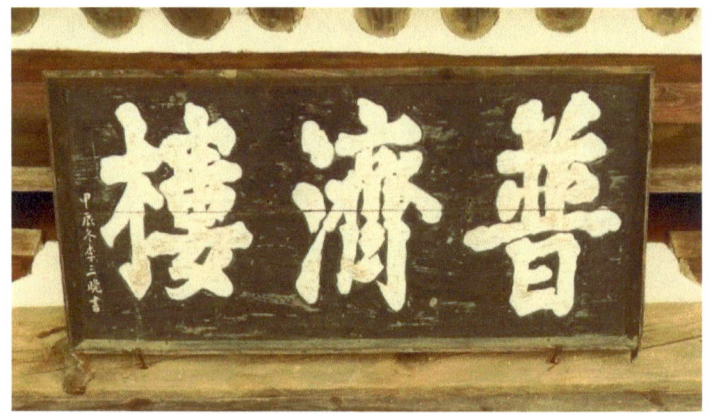

전라남도 구례군 광의면 노고단로 209

　천은사에도 보제루가 있다. 보제루는 천은사의 세 번째 문이다. 보통 절에 들어갈 때는 3개의 문을 지나야 하는데, 천은사도 제1관문 일주문, 제2관문 천왕문, 제3관문 보제루가 있다. 보제루를 지나면 법당인 극락보전이 나온다. 제2관문 천왕문을 통과하면 마당이 나오고, 정면에 2층 누각이 보이는데, 이것이 바로 보제루이다. 건물은 정면 5칸, 측면 3칸의 맞배지붕이다. 이 보제루에도 아주 멋있는 현판이 걸려 있는데, 현판 글씨는 이삼만이 썼다. 건물에 걸맞게 단아한 느낌이 든다.

　普濟樓(보제루) 현판은 이삼만이 쓴 대표현판이다. 현판에는 낙관은 보이지 않고 단순하게 '甲辰冬李三晚書(갑진동이삼만서)'라고 되어 있다. 그가 죽기 3년 전에 쓴 글씨이다.

공민왕의 친필 현판

鳳棲樓 봉서루

공민왕(恭愍王)

경상북도 영주시 순흥면 소백로 2780 소수박물관

고려 공민왕이 썼다는 봉서루(鳳棲樓) 현판은 소수박물관에서 만나 볼 수 있다.

지금의 봉서루 전각에도 현판이 걸려 있는데, 이것은 모사품이다. 봉서루 현판의 원판은 국내 현판 중 가장 오래된 현판의 하나로 훼손될 우려가 있어, 소수박물관에서 소장하고 있다. 〈봉서루(鳳棲樓)〉라는 현판이 걸려 있는 봉서루 누각도 고려시대 때부터 만들어졌다. 누각을 세운 연대도 최소 800년 전 이상으로 추정하고 있다. 순흥 지방의 진산인 비봉산의 봉황이 날아가 버리면 고을이 쇠락한다고 하여, 고을 남쪽에 누각을 만들어 이를 방지하고자 세웠다는 전설이 전한다. 고려 때 만들어진 이 누각은 조선 초기까지 있었으며, 당시 영남 지방에서 최고의 누각으로 위상이 높았다. 봉서루에 관한 오래된 기록 하나가 전해 온다. 이 기록으로 누각의 창건 연대 및 형태 그리고 위치 등을 추정할 수 있다.

기록은 안축(安軸)70)이 쓴 〈봉서루중영기(鳳書樓重營記)〉이다.

한국고전번역원에서 번역(서정화·안득용·안세현 공역)한 번역본을 인용한다.

---

70) 안축(安軸): 1287(충렬왕 13년)~1348(충목왕 4년). 자는 당지(當之), 호는 근재(謹齋), 본관은 순흥. 충숙왕 때 원나라의 과거시험에 급제하여 벼슬이 내려졌으나 나가지 않았고, 고려에서 성균학정을 거쳐 충혜왕 때 강원도 존무사(存撫使)로 파견되었다. 이때 「관동와주關東瓦注」를 지었다. 그 후 충렬왕·충선왕·충숙왕의 실록을 편찬하였으며, 경기체가인 「관동별곡關東別曲」,「죽계별곡竹溪別曲」을 남겼다. 저서로 『근재집』, 『한림별곡』 등이 있다. 순흥의 소수서원에 제향되었다.

『근재집謹齋集』71) 제2권

순흥의 봉서루를 다시 짓고 그에 부친 기문(順興鳳棲樓重營記)
우리나라의 동남쪽에, 하나의 산을 근거하여 솟아난 봉우리가 셋이 있으니 태백(泰白), 소백(小白), 죽령(竹嶺)이다. 뿌리를 봉우리의 남쪽에 두고 고을을 이룬 곳이 하나 있으니 바로 우리 흥주(興州 순흥)이다. 흥주에서 동쪽으로 가면 궁벽한 마을이고, 흥주에서 곧장 북쪽으로 가면 태백이다. 그리고 북쪽에서 조금 꺾어 들어 서쪽으로 가면 소백인데 통하는 길이나 큰 길이 없고, 흥주에서 서쪽으로 가면 죽령인데 왕도(王都)로 가는 길과 통한다. 흥주에서 남쪽으로 가서 갈래로 나뉘어 동남쪽 여러 고을과 통하는 길이다. 읍의 형세가 이와 같기 때문에 오가는 관리와 여행자들은 동쪽이나 북쪽을 경유하지 않고 모두 서쪽이나 남쪽을 경유한다. 예전에 이 고을을 만들 때 서쪽과 남쪽에만 정찰하는 누정을 세운 이유는 고을의 형세가 이렇기 때문이었다.
그런데 서쪽의 누정은 그저 왕도에서 남쪽으로 가는 사람만 종종 지나갈 뿐이었지만, 남쪽의 누정 같은 경우는 서쪽에서 남쪽으로 가는 사람도 이쪽에서 나가고, 남쪽에서 왕도로 가는 사람도 이쪽으로 들어온다. 남쪽의 여러 주(州)에서 왕명을 받들어 일을 감독하러 가는 관리들마다 이곳으로 들어와 다른 곳으로 가지 않고 또 다시 이쪽으로 나간다. 그렇기 때문에 공적인 손님과 사적인 여행객을 맞이하고 전송하는 일이 없는 날이 없다. 고을 사람들이 서쪽 누정을 하찮게 여기고 남쪽 누정을 중시하는 이유 역시 이치의 형세가 이러하기 때문이다.

---

71) 『근재집謹齋集』: 근재 안축의 시문집으로, 1740년(영조 16년)에 간행되었으며, 권2에는 「關東別曲관동별곡」, 「竹溪別曲죽계별곡」, 「順興鳳棲樓重營記순흥봉서루중영기」 등이 실려 있다. 3권 2책으로 구성되어 있다.

누정은 홍주에서 남쪽으로 5~6리 정도 되는 곳에 있다. 북쪽으로는 신령한 산을 바라보고, 남쪽으로는 무성한 숲을 마주하며, 동쪽으로는 푸른 골짜기에 접해있고, 서쪽으로는 평평한 들판을 마주하고 있는 것이 바로 이 누정이다. 우리 주에는 대대로 유명한 누대가 많았는데, 모두 산에 가까워 깊숙하고 외진 곳에 위치해 있다. 이것들이 유명해진 이유는 아마도 산이 높고 물이 맑기 때문인 듯하다. 산에 가까워 깊숙하고 외진 곳에 있는 누대가 비록 맑고 상쾌하며 그윽하고 고즈넉한 풍취는 있으나, 산을 바라보면 하나의 층첩(層疊)에 지나지 않고, 물을 바라보면 하나의 굽이에 지나지 않으며, 저 멀리 두루 살펴보아도 하나의 골짜기를 넘지 못한다. 이러하니 이것은 한 줌의 산과 한 잔의 물을 얻은 것에 불과하다.

만약 남쪽에서 와서 이 누정에 오르면 높게는 만 층의 절정을 볼 수 있고, 멀게는 천 겹의 봉우리를 볼 수 있다. 그래서 기이한 바위들이 우뚝 솟아 있고, 온갖 골짜기가 굽이돌며, 구름이 모양을 바꾸고, 안개가 뿜어 나오는 온갖 모습들이 모두 다 보인다. 그리고 온갖 냇물이 사방으로 갈라져 흐르다가 폭포수가 되어 휘날리고 여울져 산의 아래에서 합해지면 세차던 기세는 이미 누그러지고 떠들썩하던 소리는 점차 사그라진다. 누정의 아래에 이르러서는 깊고 맑아지는데, 느릿하게 흘러 10여 리까지 가기도 한다. 여울은 잔잔하여 들을 만하고 모래는 가늘고 깨끗해 좋아할 만하니, 산수의 훌륭함이 여기에 갖추어져 있다.

해마다 2월이면 농사가 시작된다. 남쪽 밭으로 가는 사람들은 누정 아래로 오고 가고, 서쪽 들로 가는 사람들도 누정 밖에 줄을 잇는다. 도랑을 트자 비처럼 물이 넘치고, 가래를 메자 구름이 비를 내리는 듯하다. 이러하니 이 누정은 산수만 아름다운 것이 아니라 농사짓는 것을 보며 일을 독려하는 즐거움도 있다.

나는 이 고을 사람이어서 어릴 때부터 놀던 곳이라 관직에 오른 이후부터 날마다 항상 남쪽을 바라보며 그리워하였다. 그러다가 작년 봄에 사관(史官)의 임무를 마치고 짬을 내 어머니를 뵙고 고향에서 노닐며 여러 차례 이 누정에 올랐는데, 기울어지고 무너졌는데도 수리하지 않은 지가 오래되었다. 어떤 사람이 나에게 다음과 같이 말하였다.

"이 누정은 산수에 있어서 큰 것을 얻었는데도 사람들에게 버림받아 거의 무너지게 되었습니다. 그런데 저 깊고 그윽한 곳에 있으면서 작은 것을 얻은 것이 도리어 사람들에게 받아들여지고 있으니 이야말로 이상한 일입니다."

내가 내답하였다.

"사람의 마음은 크기도 하고 작기도 합니다. 마음이 큰 사람은 큰 것을 보고 작은 것도 알지만, 마음이 작은 사람은 작은 것에 얽매여 큰 것을 잊어버립니다. 예전에 공자께서 동산에 올라 노나라를 작게 여기고, 태산에 올라 천하를 작게 여겼습니다. 세상 사람들은 천 길이나 되는 험준한 산은 귀하게 여기지 않고 괴석으로 만든 인공 산을 귀하게 여기며, 만 굽이나 되는 강호를 사랑하지 않고 조그마한 연못을 애호합니다. 이것으로 보자면 사람들이 높은 산과 큰 강호를 버리고 가산과 연못을 애호하는 이유를 알 수 있습니다. 이 누정에서 눈을 들어 멀리 바라보면 아름다운 산과 강이요, 고개를 숙여 가까이 들여다보면 풀이 싹 튼 이랑과 흙 구렁인데, 누정이 버려진 것은 누정의 죄가 아니고, 보는 사람의 마음이 작고 비루하기 때문입니다. 만약 마음이 큰 어떤 사람이 이 고을에 부임하여 이 누대에 오른다면, 인공 산과 연못을 버리고 높은 산과 큰 강호를 취할 줄 또 어찌 알겠습니까. 게다가 사물의 이치는 이루어지고 허물어지는 때가 있으니, 이 누정은 마땅히 다시 새 단장을 할 날이 있을 것입니다. 어찌 무너질까 근심하십니까." 이윽고 직랑(直郞) 채상(蔡祥) 공께서 우리 홍주에 부임하라는 명을 받았다는 소식을 듣고 나는 이 누정에 대해 큰 희망을 가졌다. 내가 이미 왕도에 돌아왔을 때 채공은 홍주군에 도착해서 이 누정에 올라 과연 산수를 보고 즐겼으며, 기울어지고 무너진 것을 보고는 탄식했다. 그래서 장인(匠人)들을 불러 다시 얽고 새 단장을 하게 하니 규모가 크고 아름다우며 채색이 선명하여, 온 영남의 훌륭한 누대 중 이것과 비할 만한 것이 없었다. 그리고 또 고을의 한 집의 백성에게 이 누대를 지키는 자로 삼아 장구한 계책을 세웠으니, 어찌 조악하고 소략하게 잠시 완성하여 무너진다고 말할 수 있겠는가?

누대가 완성이 된 이후 공은 손님이 왔다는 소식을 들으면, 즉시 채비를 갖추어 나아가 이 누정에서 맞이하였다. 풍토병으로 피곤한 남쪽의 손님이 이 누정에 올라 산을 바라보면 이내 구름 속으로 날아가는 상상을 하게 될 것이요, 물을 보면 바람을 맞으며 목욕을 하는 즐거움을 갖게 될 것이다.

공께서는 혹 농사철을 맞아 일찍 관아의 일을 끝내고 이 누정에 올라 날마다 농사일을 살펴 작업의 빠르고 느림을 독려하였고, 일의 부지런하고 태만함을 물어 상과 벌을 주었다. 그러자 백성들이 모두 스스로를 독려하면서 앞을 다투며, 더디던 사람은 빠르게 하게 되었고 태만하던 사람은 근면하게 되었다. 이로부터 관아에서는 예(禮)를 책망하는 손님이 없어졌고, 들에는 생업을 잃은 농부가 사라졌다. 관리들은 이로써 편안해졌고, 한 해 수확은 이로써 넉넉하게 쌓이게 되었으니, 모두 공의 은사(恩賜)요 누정의 공이다. 나는 이 누정이 다시 새 단장을 했다는 소식을 듣고 산수가 제대로 된 사람을 얻은 일을 축하하고 내 바람이 잘못되지 않았다는 사실에 기뻐하며 기록하여 부친다.

謹齋集 卷二 / 補遺○記

順興 鳳棲樓重營記

國之東南維體一山而嶺者三,曰泰白·曰小白·曰竹嶺. 根附嶺南而邑者一,吾興州是也. 自州而東, 則爲荒僻聚落,自州而直北, 則爲泰白, 自北小折而西, 則爲小白而無通道, 大道 自州而西, 則爲竹嶺, 通王京之路也 自州而南, 則岐而分者, 東南諸邑之路也. 邑勢如此, 而賓旅之出入者, 不由東北而皆西南也. 古之設茲邑, 惟西南置候亭者, 邑勢然也. 西亭, 但自京而南者往往道過而已 若南亭, 則自西而南者出乎此, 自南而京者入乎此. 南諸州將命督事之使, 人人入乎此, 而不復他適, 還出乎此. 故公賓私旅之郊迎郊餞者, 無虛日也. 邑人之輕西亭而重南亭者, 亦理勢然也. 亭在州南五六許里. 北望靈岳, 南對茂林, 東臨碧澗, 西壓平郊者是也. 吾州之有樓臺之名于代者多矣, 皆逼山而在深絶處. 其所以名者, 蓋山高水淸也. 逼山而深絶者雖有淸爽幽寂之趣, 其見山則不出一層一疊, 見水則不過一折一曲, 望而周覽則不越一洞一壑. 此得山之一拳 水之一勺耳. 若南迤而登斯樓, 則高可見萬層絶頂, 遠可望千疊重峯. 奇巖屹聳, 衆壑襟回, 雲煙之變化 氛霧之歙噓, 千狀萬態, 莫得遁隱. 抑又川流百道, 懸湍飛瀑, 合于山下, 奔激之勢已緩, 喧豗之聲漸息. 到樓下泓深澄澈, 漫而流遠者十餘里. 灘瀨潺湲可聽, 沙石淸細可愛, 山水之大於斯備矣. 歲二月, 農功始作. 往南畝者, 夾道于樓之下 往西郊者, 羅列乎樓之外. 決渠爲雨, 荷鋤成雲. 斯樓非獨山水之美, 有觀稼課農之樂也.

余爲邑人,結髮時所嘗遊也,自筮仕以來,日常南望眷眷也。去年春,罷史翰,得閒局,覲母遊鄉邑,屢登斯樓,傾圮而不修者久矣。或與余曰"斯樓於山水,得其大,而見棄於人,幾於復壞。彼深絕而得小者,反取容於人,斯可怪也。"余對曰"人之心有大者有小者。心之大者,見其大而知其小,心之小者,拘於小而忘其大。昔者孔子登東山而小魯,登泰山而小天下。世之人不貴山巖千仞,貴假山怪石,不愛江湖萬頃,愛盆池曲沼。以此觀之,則人之棄此取彼者可知也。斯樓,舉目遠見,則佳山佳水也,俛首近視,則草壟土丘也。樓之所以見棄者,非樓之罪也,見之者小而近也。若一有心之大者,莅茲邑,登斯樓,則又焉知不棄彼取此哉?況物理成壞有時,斯樓當有復新之日,何患乎復壞?"既而聞直郎蔡公祥有吾州之命,余深有斯樓之望。余既還京,蔡公到郡登斯樓,果見山水而樂之,見傾圮而歎之,仍命工復構而新之,規模宏麗,彩畫鮮明,凡嶺南樓臺之美莫之爲比。而又復民一戶爲守備者,以爲長久之計,豈與夫麤疎朴略,而暫成旋壞者,同日語哉?樓既成,公聞賓至,卽具而出迎于斯樓。南賓之困瘴霧者登斯樓,望山則有霞舉雲飛之想,臨水則有風乎浴乎之樂。公或當農月,早放衙登斯樓,日課農功,責就作之早晚,詰服役之勤慢,以示賞罰。民皆自勸,晚者早,慢者勤,爭爲之先。自是厥後,官無責禮之賓,野無失業之農。吏以之安,歲以之稔,皆公之賜而樓之功也。余聞復新斯樓,賀山水之得人,喜吾望之不失,記以寄之。

이 기록을 보면,

안축의 고향은 흥주이고, 흥주에는 아주 멋진 누각이 있는데, 그 누각이 바로 봉서루이다. 그런데 이 봉서루는 오래되어 기울어지고 무너져 있는데도 수리가 되지 않아 안축은 한탄하고 있다.

봉서루(鳳棲樓)가 위치한 순흥지방은 고려 때 흥주라 불렀다. 흥주는 북쪽으로는 태백산과 소백산 그리고 죽령이 가로막아 아주 궁벽한 동네이다. 그렇지만 남쪽으로는 막힘이 없어, 서울로 올라가거나 남쪽으로 내려가는 관리들과 사람들이 모여드는 곳이었다. 이런 곳에는 반드시 쉬어가는 공간이 필요하기 마련인데, 문명이 발달하지 않은 이 시대에는 그 쉼터 역할을 누정(樓亭)이 담당하였다. 순흥지방에도 이런 역할을 한 누정이 있었으니, 바로 봉서루(鳳棲樓)이다.

안축은 이 글에서 봉서루의 참된 역할과 뛰어난 위치 그리고 유용한 쓰임에 대해 먼저 설명하고 쓰러져 가는 봉서루가 수리되지 않음을 매우 안타깝게 여겼다. 후에 새로운 수령인 채상(蔡祥)이 부임하여 수리하였다는 소식을 듣고, 기록하기를, "나는 이 누정이 다시 새 단장을 했다는 소식을 듣고 산수가 제대로 된 사람을 얻은 일을 축하하고 내 바람이 잘못되지 않았다는 사실에 기뻐하며 기록하여 부친다."라고 기쁜 모습을 표현하였다. 어찌 되었든 안축이 살았던 시점에는 좋은 수령을 만나 봉서루가 새롭게 단장되고 쉼터로서 충분한 역할을 하였지만, 고려가 망하고 새로운 왕조인 조선시대에 들어와 초반에 무너져 황폐하게 되었다는 내용이 『新增東國輿地勝覽신증동국여지승람』 권25 경상도 풍기군(豊基郡)편에 나와 있다.

"봉서루(鳳棲樓) : 경상북도 순흥부(順興府)에 있었던 누정인데, 조선 전기에 이미 황폐되었다."

봉서루. 경상북도 영주시 순흥면 회헌로 807번길 104

이렇게 조선 전기에 황폐된 봉서루는 오랜 세월을 지나 1824년에 다시 중건되었다. 봉서루는 중건되었지만 얼마 지나지 않아 다시 수난을 겪게 된다. 조선이 망하고 일제강점기 때 누각 바로 뒤에 있던 소학교에 불이 나서 위험해진 봉서루를 순흥면사무소 앞마당으로 옮겼고, 이를 면사무소 건물로 사용하였다. 면사무소가 신축되면서 2007년에 원래 있던 곳인 현재의 자리로 다시 옮겨 세웠다.

현재 봉서루는 회헌로를 따라가다 보면 봉황이 깃들여 있을 만한 울창한 소나무 숲속에 포근히 자리 잡고 있다. 누각은 2층으로, 정면 4칸, 측면 3칸의 홑처마 팔작지붕 건물이다.

공민왕은 고려 후반부 왕으로 기울어져 가는 고려를 다시 세우기 위해 무척 노력한 군주였다. 원나라 간섭기임에도 불구하고 자주적인 왕권 강화와 빼앗긴 영토를 수복하고 친원파를 제거하는 등 독립적인 나라를 되찾고자 여러 개혁을 펼친 훌륭한 개혁군주이다. 하지만 우리가 공민왕을 개혁군주로만 기억하는 것은 도리가 아니다. 그는 임금이었음에도 불구하고 탁월한 업적을 남긴 훌륭한 예술가이다.

공민왕의 작품은 고려가 망하고도 새로운 왕조에서도 인정받았으며, 현재까지 남아 우리가 감상할 수 있다는 것이 신기할 따름이다. 특히 시(詩)·서(書)·화(畵)중 글씨로 표현한 작품이 많이 남아 있는데, 그 중에서도 대자(大字)로 쓴 현판 글씨가 우리들의 눈을 사로잡는다. 현재까지 남아 있는 현판글씨는 〈鳳棲樓봉서루〉, 〈映湖樓영호루〉, 〈安東雄府안동웅부〉, 〈無量壽殿무량수전〉, 〈臨瀛館임영관〉 등이 있다. 특이하게도 이 현판들은 홍건적의 침입으로 피난 가던 중에 머문 곳에서 쓴 글씨가 대부분이라는 것이다.

봉서루(鳳棲樓) 현판의 봉(鳳)자를 보면 봉황이 살아서 꿈틀대는 듯 기운이 넘쳐흐르는 행서체로 강릉의 객사 전대청에 걸려 있는 현판 임영관(臨瀛館)의 글씨체와 비슷한 느낌을 준다.

홍건적紅巾賊의 고려 침공

이방실 장군묘(경기도 가평군 가평읍 하색리 산81)

　머리에 붉은 두건을 쓰고 노략질을 한다고 하여 홍건적이라 이름 붙였다. 그리고 몽고족이 세운 원나라가 점점 쇠퇴해지자 이에 억눌려 살던 한족들이 반기를 들고 일어났는데, 이 무리를 홍건적이라 한다. 이 홍건적은 봉기 초기부터 무서운 기세로 원나라 황제가 거처하는 북경까지 압도하였지만, 위기감을 느낀 원나라도 이에 맞서서 이들을 제압하기 위해 모든 힘을 다 쏟았다. 북경까지 압도한 홍건적은 원나라의 반격에 쫓겨나기 시작하였는데, 무리의 일부가 요동지방으로 밀려나게 되었다. 요동지방으로 밀려난 이 무리들은 고려에 사신을 보내 지원을 받고 교류하기를 원하였으나 고려가 응하지 않았다. 이에 이 세력들은 고려를 침략하여 약탈과 살상을 주저하지 않아 막대한 피해를 입혔다. 이것이 홍건적의 고려 침략이다. 이 침략은 두 차례에 걸쳐 일어나는데, 제1차 침략은 1359년(공민왕 8년)에 있었고, 제2차 침략은 1361년(공민왕 10년)에 있었다.

제1차 침략은 1359년 12월 홍건적의 장수 모거경, 관선생, 파두반, 위평장이 4만 명의 군사를 이끌고 압록강을 건너 의주로 쳐들어왔다. 이때가 겨울이라 압록강이 얼어 있어 강을 건너서 쳐들어오기가 쉬웠다. 이렇게 파죽지세로 의주를 함락한 홍건적은 평안도 정주와 안주까지 연이어 함락시키고, 이 일대를 쑥대밭으로 만들었다. 이후 홍건적이 서경(평양)까지 침략할 것이라 판단한 고려군은 일부러 평양성을 비우고 나와 황해도 황주에 진을 쳤다. 홍건적은 무주공산이 된 평양성을 쉽게 점령하였지만, 뜻밖에 어려움을 겪어야 했다. 이 어려움이 바로 겨울 추위였다. 당시 홍건적의 주류를 이루는 군사들은 대부분 중국의 남쪽 지방 출신이라 추위에 매우 약하였다. 이를 파악한 고려군은 일부러 평양성을 비우고 후퇴하여 기다린 것이다. 평양성에 무혈 입성한 홍건적은 12월의 매서운 추위를 견디지 못하고 떨다가 고려군의 총공격을 받고 무너졌다. 이후 고려군은 함종에서 안우와 이방실[72]이 물리쳤고, 선천에서는 최영이 승리하여 홍건적을 압록강 건너 요동으로 모두 몰아냈다. 이때 살아서 돌아간 홍건적은 겨우 몇 백 명 정도에 불과하였다. 고려의 대승으로 끝났다. 이것이 홍건적의 고려에 대한 제1차 침략이다.

다음으로 고려에 막대한 피해를 입힌 제2차 침략은 1361년에 있었다. 제1차 침략에서 패퇴한 홍건적은, 1361년 10월에 반성(潘誠)·사유(沙劉)·관선생(關先生)·주원수(朱元帥) 등이 10여만 명의 무리를 이끌고 압록강을 건너 침입해왔다. 제1차 침입을 막아낸 고려에서도 만반의 준비를 하였다. 상원수에 안우, 도병마사에 김득배, 서북면도지휘사에 이방실, 동북면도지휘사에 정휘를 임명하고, 청천강을 방어선으로 삼았다. 그리고 동지추밀원사 이여경을 절령(자비령)을 지키도록 하여 개경을 방어하도록 하였다.

이방실은 청천강 인근에 집결한 홍건적의 병력을 보고 전면전은 승산이 없다고 판단하였다. 이러한 판단으로 지역의 주민과 식량 등을 안전지대로 이동시키고 소규모로 치고 빠지는 산발적 전략을 구사하였다. 그러나 이 전략으로 홍건적에 입힌 피해는 미미하였다. 홍건적은 이에 아랑곳하지 않고, 갑자

---

72) 이방실(李芳實): 1298년(충렬왕 24년)~1362년(공민왕 11년). 고려 공민왕 때 상장군. 충목왕을 호위한 공으로 중랑장이 된 이후, 홍건적의 침입을 여러 차례 막아내 이름을 떨쳤다. 홍건적 2차 침입 때, 정세운·안우·최영·이성계와 함께 20만 대군으로 개경을 되찾고 홍건적 두목인 반성·사유·관선생 등을 잡아 죽였다. 홍건적을 물리친 장수들의 공을 시샘한 김용의 음모로 억울하게 죽었다.

기 모든 병력이 청천강을 일제히 넘어와 안주에 모인 고려의 주력군을 격파하였다. 패퇴한 고려군은 쫓겨 절령으로 후퇴하였다.

파죽지세로 개경으로 내려오는 홍건적에 싸울 의지가 꺾인 공민왕은 남쪽으로 피난을 떠나게 된다. 공민왕이 도망친 개경을 점령한 홍건적은 두 달 동안 머무르며 온갖 만행을 저질렀다. 만행이 얼마나 처참하고 끔찍했으면 고려사에도 그 기록이 남아있다.

> "신미일에 눈이 내리는데 이천현(利川縣)에 다다르니, 왕의 옷이 젖고 얼어서 모닥불을 피워 추위를 녹였다. 이날 적이 경성을 함락시켰는데, 여러 달 동안 둔병하면서 소와 말을 죽여 그 가죽을 벗겨서 성(城)을 만들고 물을 부어 얼음을 얼리니, 사람들이 올라가지 못했다. 또 사람을 잡아서 굽거나 임부(姙婦)의 젖을 구워서 먹는 등 잔학한 짓을 마음대로 하였다"
>
> 辛未, 雨雪, 次利川縣, 御衣濕凍, 燎薪自溫, 是日, 賊陷, 京城, 留屯數月, 殺牛馬, 張皮爲城, 灌水成氷, 人不得緣上, 又屠炙男女, 或燔孕婦乳, 爲食, 以恣殘虐.
>
> - 『고려사절요』 공민왕 10년 11월 신미일

공민왕의 피난은 최종 복주(안동)에서 끝난다. 준비가 안 된 상태에서 급작스럽게 떠난 피난길은 엄청난 고행길이었다. 목적지도 없이 오로지 홍건적이 쫓아오지 못할 오지로 내몰리며 최종 안동에 도착한다. 안동은 태백산맥과 낙동강으로 둘러싸여 피난지로 적합할 뿐만 아니라 물산이 풍부한 고장이기도 하였다. 이곳에서 3개월 동안 머무르며 전력을 다잡고, 전국에서 20만 군사를 징집하여 정세운을 총병관으로 삼아 개경을 직접 탈환하도록 하였다. 고려는 20만 병력으로 개경을 포위하고 사방에서 공격하였으며, 이성계는 친병 2천 명을 거느리고 성에 올라가 적의 장수 사유(沙劉)와 관선생(關先生) 등을 잡아 죽이고 크게 격파하였다. 적의 나머지 무리 10여 만은 앞다투어 압록강을 건너 도망갔으나, 제2차 침입은 고려에 막대한 피해를 입히고 끝났다.

『고려사절요』의 기록을 바탕으로 공민왕의 피난길을 구성해 보았다.

■ 공민왕 몽진(남행길)

개성 출발(공민왕 10년 11월 19일 丙寅)
→ 통제원(通濟院)
→ 정묘일 분수원(焚修院 : 지금의 경기도 파주시)
→ 영서역(迎曙驛 : 지금의 경기도 양주시)
→ 사평원(沙平院 : 지금의 경기도 광주시)
→ 광주(廣州)
→ 기사일. 경안역(慶安驛 : 지금의 경기도 광주시에 있음)
→ 신미일. 이천현(利川縣 : 지금의 경기도 이천시), 개경 함락

→ 임신일 음죽현(陰竹縣) : 지금의 경기도 장호원)
→ 을해일. 충주(忠州 : 지금의 충청북도 충주시)
→ 순흥(경북 영주)
→ 용궁(경북 예천)
→ 복주 도착(10년 12월 임진일, 지금의 경북 안동)

■ 공민왕 환도길

복주 출발(공민왕 11년 2월 辛丑) → 예천 → 상주 → 속리사 → 원암역(보은 원암) → 보령현(충청도 보은) → 회인 → 청주(8월 壬辰) → 진천(12년 2월 乙亥) → 죽주(경기도 안성) → 봉성(경기도 파주) → 통제원 → 흥왕사(공민왕 12년 2월 계미일, 개성)

이것이 공민왕의 귀로이다. 속리사 - 원암역 - 보령현(보은) - 회인 - 청주 순으로 올라왔다. 청주에서는 5개월여 체류했다. 신축일. 복주(福州)를 출발했다.

→ 계묘일. 상주(尙州)
→ 정해일. 속리사(俗離寺) 속리산(俗離山) 서쪽에 있던 법상종 계열의 사찰.
→ 무자일. 원암역(元岩驛 : 지금의 충청북도 보은군 인근에 위치)
→ 경인일. 보령현(報令縣 : 지금의 충청남도 보은군)
→ 신묘일. 회인(懷仁 : 지금의 충청북도 보은군 회인면)

→ 임진일. 청주(淸州) 5개월 머무름
→ 2월 을해일. 진주(鎭州 : 지금의 충청북도 청원군)
→ 병오일. 죽주(竹州 : 지금의 경기도 안성시 죽산면)
→ 신사일. 봉성현(峯城縣 : 지금의 경기도 파주시)
→ 임오일. 통제원(通濟院 : 지금의 개성직할시 개풍군에 있었던 역)
→ 계미일. 흥왕사(興王寺)73) (12년 2월 癸未, 개성)

고려 500년 동안 외적의 침략으로 왕이 거처하는 개경이 함락된 것은 세 차례나 있었다.

첫 번째, 거란의 침략(1011년 현종 2년)

두 번째, 몽고의 침략(1232년 고종 19년)

그리고 세 번째는, 홍건적의 침략(1361년 공민왕 10년)

이렇게 세 번이나 왕이 피난 가는 몽진이 있었다. 한 나라의 수도가 세 번이나 함락되고도 망하지 않은 것이 신기할 뿐이다. 그만큼 고려인의 끈질긴 저항 정신과 민중의 강인한 단합 의지를 이해할 필요가 있다.

---

73) 흥왕사(興王寺): 대화엄흥왕사(大華嚴興王寺)라고도 하며, 고려시대 개경(開京) 덕적산(德積山)의 남쪽 기슭에 위치한 화엄종(華嚴宗) 사찰.

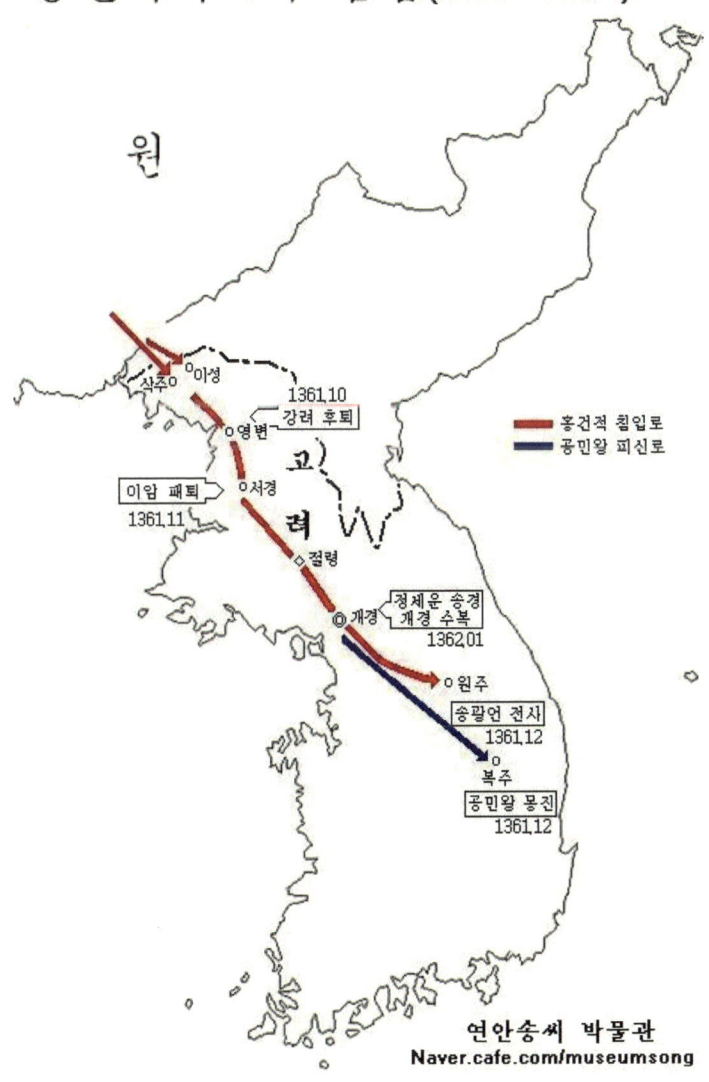

최고 서원에 걸맞은 최고 명필 현판

陶山書院 도산서원

석봉 한호(石峯 韓濩)

경상북도 안동시 도산면 도산서원길 154

도산서원 원판(한국국학진흥원 소장)

　도산서원은 퇴계 이황의 학문과 덕행을 기리기 위해 선생의 제자들이 건립한 서원이다. 서원은 두 구역으로 나뉜다. 서원의 앞부분인 전경은 퇴계 선생 생전에 제자들을 가르치던 서당 영역이고, 뒷부분인 후경은 퇴계 선생의 학문과 덕행을 기리기 위해 세운 서원 영역이다. 서당 영역은 퇴계 선생이 낙향하여 1561년(명종 16년)에 건립하였으며, 서원 영역은 퇴계 선생 사후인 1575년(선조 8년)에 제자들이 세웠다.
　도산서원의 명성은 우리나라에서 최고로 친다. 최고의 학자를 모셨으며, 건물의 배치나 위치도 아주 탁월하다. 그리고 임금으로부터 사액까지 받은 서원이다. 여기다가 현재 퇴계 선생이 우리나라 화폐의 천원권 모델이 되면서 화폐 지면에 초창기 도산서원의 전경이 추가로 삽입되었다. 그래서 더 유명세를 떨치고 있다. 이처럼 도산서원은 우리나라를 대표하는 서원으로 자리매김하고 있다. 이 명성에 나는 하나를 더 추가하고 싶다.
　그것은 우리나라 최고의 서예가 석봉 한호[74]가 썼다는 도산서원 현판이다. 무려 450년이나 오래된 현판이다. 장구한 역사를 자랑한다. 이 현판은 현재 도산서원 전교당에 걸려 있다. 새삼 한석봉이 썼다는 것을 알고 나서 다시 보니, 그 이름에 걸맞게 정말로 멋지게 잘 써진 글씨임을 느낄 수 있다.

퇴계 선생을 모신 도산서원은 1575년(선조 8년)에 건립되었고, 선조 임금으로부터 사액을 받았다. 이 사액이 '陶山書院(도산서원)'이라는 현판이다. 현판 글씨는 당대 최고의 명필 한석봉이 젊었을 때 쓴 것이다.

당시 도산서원에 당대 최고의 명필인 한석봉이 임금의 명령으로 아주 멋지게 글씨를 써서 현판을 걸자, 무슨 연유로 이런 글씨를 쓰게 되었는지 보는 사람들은 설왕설래하였다. 그래서 사람들은 특별한 사연을 만들어 이야기를 꾸몄고, 이 꾸며낸 이야기가 전설이 되어 지금까지 전해지고 있다. 급기야 도산서원이 위치한 안동시까지 나서서 책을 발간하기에 이르렀다.

1984년 안동군에서 출간한 『내고향 전통가꾸기』와 1999년 안동시사편찬위원회에서 출간한 『안동시사』에 이 이야기가 수록되어 있다.

---

74) 한호(韓濩): 1543년~1605년. 개성 출생으로 본관은 삼화(三和), 자는 경홍(景洪)이고 호는 석봉(石峯)이다. 1567년(명종 22년) 진사시에 합격하고 1599년(선조 32년)에 가평군수와 1604년(선조 37년)에 흡곡현령(歙谷縣令) 그리고 존숭도감 서사관(尊崇都監書寫官)을 지냈다. 외국 사신들에게 글씨로 명성을 떨쳤다. 중국의 왕희지(王羲之)·안진경(顔眞卿)의 필법을 익혀 해(楷)·행(行)·초(草) 등 각 서체에 모두 뛰어났다.

1575년 6월 어느 날 조선 제14대 임금 선조(宣祖, 1552년~1608년)는 한석봉을 궁궐로 불렀다. 그리고는 현판 글씨를 쓸 준비를 하라고 하였다. 그런데 무슨 현판과 무슨 글자를 쓸 것인지는 알려주지 않고, 내가 부르는 대로 좌측부터 쓰라고 말하였다. 임금은 한석봉에게 한 자씩 부르기 시작했다. 먼저 첫 글자로 '집 원(院)' 자를 쓰라고 했다. 석봉은 부르는 대로 썼다. 다음은 '글 서(書)' 자를, 이어서 '뫼 산(山)' 자를 쓰라고 했다. 한석봉은 쓰라는 대로 이어서 썼다. 여기까지는 아무 의심 없이 잘 썼다. 이때까지만 해도 한석봉은 이 현판이 어디에 걸릴지 알지 못했다. 이제 마지막 한 글자만 남았다. 임금은 '질그릇 도(陶)' 자를 쓰라고 했다. 듣는 순간 한석봉은 가슴이 두근두근 뛰었다. 마침내 자신이 쓰고 있는 글씨가 퇴계 이황 선생의 도산서원 현판임을 알아차리게 된 것이다. 흥분된 마음을 가라앉히려 해도 도무지 잡히지 않았다. 어떻게 하든 마지막 글자를 써야 했기 때문에 붓을 꽉 잡았다. 하지만 잡은 손이 약간 떨리며 가까스로 '질그릇 도(陶)' 자를 써냈다. 명필 한석봉이 사력을 다해 완성한 현판은 결국 마지막으로 쓴 '도(陶)' 자가 앞에 쓴 세 글자와 달리 미세하게 흔들린 흔적이 남게 되었다.

이 전설 같은 이야기를 듣고 생각해 보면, 분명 한석봉에게 처음부터 '도산서원'의 현판 글씨를 쓰라고 했다면, 퇴계 선생과 도산서원의 명성이나 위세에 눌려 글씨를 쓰지 않으려고 했을 것이다. 설령 쓴다고 하더라도 마음이 흔들려 글씨를 망쳤을 것이다. 그래서 선조 임금은 '원院, 서書, 산山, 도陶'라고 뒷글자부터 순서대로 한석봉이 알아차리지 못하도록 배려하며 불러 쓰게 한 것이다. 이렇게 도산서원 현판은 당대 최고의 명필 한석봉이 임금 앞에서 뒷글자부터 쓴 것이다. 하지만 이것은 사람들이 꾸며낸 전설 같은 이야기에 불과하다.

　사람들은 아무리 조선 최고의 명필이라도 도산서원의 위세에 눌려 평정심을 유지하기란 어렵다는 것을 안다. 그만큼 도산서원의 명성이 대단히 높았다는 것을 명필 한석봉의 이 이야기를 통해 나타내고자 한 것이다.

　현판 좌측에는 '만력 3년 6월 일 선사(萬曆三年六月 日 宣賜)라고 쓰여 있다. 이는 1575년(만력 3년) 6월 어느 날에 임금이 내려준다(宣賜)는 뜻이다. 이렇게 도산서원은 임금으로부터 현판을 받은 사액서원이 되었다.

도산서원 전교당

현재 도산서원 전교당에 걸려 있는 '도산서원' 현판은 복제품이다. 진본 '陶山書院도산서원' 현판은 안동에 있는 한국국학진흥원이 소장하고 있다.

석봉 한호는 조선시대 봉래 양사언, 추사 김정희와 함께 조선 삼대명필로 불린다. 그런데 한석봉은 봉래 양사언과 추사 김정희와 달리 오로지 글씨 쓰는 재주 하나로 출세하여 벼슬에 나간 인물이다. 그래서 그의 글씨가 더 진정성 있게 다가오는 것 같다. 그는 특히 중국의 이름난 서예가인 왕희지[75]와 안진경[76] 그리고 조맹부[77] 등의 필법을 익히고, 다른 여러 명필가의 필법을 연구하여 해서(楷書)·행서(行書)·초서(抄書) 등 모든 필법을 통달하였다. 그리고 자신만의 독창적인 서체의 경지를 이루어 호방하고 강건한 한석봉체를 만들었다.

도산서원(陶山書院)은 사적 제170호로 지정되었다. 흥선대원

---

[75] 왕희지(王羲之): 307년~365년. 중국 동진(東晉)시대 서예가로 중국에서 첫째로 꼽는다. 서성(書聖)으로 불린다. 해서·행서·초서의 각 서체를 완성하여 예술로서의 서예의 지위를 확립하였다. 〈난정서(蘭亭序)〉라는 작품을 남겼다.

[76] 안진경(顔眞卿): 709년~785년. 중국 당나라 때의 서예가로, 왕희지의 부드럽고 우아한 서체에서 남성적이고 강건한 서체로 흐름을 바꿨다. 해서·행서·초서를 모두 잘 썼으며, 대표 작품은 장안 천복사의 다보탑을 위해 써준 〈천복사 다보탑비〉가 있다.

[77] 조맹부(趙孟頫): 1254년~1322년. 중국 원나라 때의 서화가로, 글씨 및 그림에 능통했다. 글씨는 전서·문예·진·행·초서 등 각체에 능하였고 특히 왕희지로의 복귀에 힘을 썼으며, 그의 서풍은 조선과 일본까지 영향을 미쳤다. 작품은 〈난청첩십삼발〉, 〈한읍암전〉 등이 있다.

군의 서원철폐 당시에도 철폐되지 않고 살아남은 47개 서원 중 하나이다. 도산서원 전교당은 보물 제210호로 도산서원 상덕사 및 삼문은 보물 제211호로 지정되어 있다. 그리고 2019년에는 유네스코 세계문화유산에도 등재되었다.

한석봉, 또 하나의 전설 탁청정

경상북도 안동시 와룡면 군자리길 21

濯淸亭(탁청정) 현판은, 조선시대 김유[78]가 안동시 와룡면에 건립한 광산김씨 종가의 정자인 탁청정에 걸려 있다. 현판치고는 보기 드물게 크며, 정자의 마루에 걸려 있다. 원본 현판은 한국국학진흥원에서 소장하고 있다.

---

78) 김유(金綏): 1491년(성종 22년)~1555년(명종 10년). 본관이 광산이며, 아버지는 예안으로 내려 온 김효로(金孝盧)이다. 어려서부터 천성이 착하여 신분의 높고 낮음을 가리지 않고 성심을 다하였다. 1525년(중종 20년) 생원시에 합격하였으며, 성품이 호방하고 의협심이 강해 무과에까지 응시하였으나 급제하지는 못하였다. 이후 과거시험을 포기하고 종가 안에 탁청정을 짓고 손님들을 불러 대접하였고, 부모님께 효도를 다하였다. 그는 특히 「수운잡방(需雲雜方)」이라는 요리책을 썼는데, 이는 현재까지 알려진 우리나라에서 가장 오래된 요리책이다.

탁청정 원판(한국국학진흥원 소장)

이 현판도 명필 한석봉이 썼다고 한다. 조선시대 최고 명필 한석봉이 쓴 만큼 이 현판에도 전설 같은 이야기 만들어지고 지금까지 전해지고 있다. 전설은 다음과 같다.

안동의 광산 김씨 집성촌인 군자리에 김유(金綏)라는 양반이 중종 36년(1541년)에 정자를 새로 짓고 '탁청정'이라 이름 지었다. 새로 지은 정자에 걸맞게 현판을 크게 써서 달고자 하였다. 현판 글씨를 누가 쓸 것인가가 문제였다. 그래서 문중 사람들이 모여 논의한 끝에 당대 최고의 명필인 한석봉에게 글씨를 부탁하자고 정하였다. 당시 이 집안의 위세가 대단하여 한석봉도 차마 거절하지 못하고 써 주기로 약속하였다.
그리하여 글씨를 써 주기로 약속한 날에 한석봉이 이곳 군자리로 찾아왔다. 광산 김씨 문중에서는 그에게 융숭하게 대접을 해주고 글씨를 써 주기만을 기다렸다. 그러나 하루 이틀이 지나도 글씨를 써 줄 기미가 보이지 않았다. 오히려 거들먹거리며 성대하게 차려준 음식만을 축내는 것이었다. 문중 사람들은 화가 나고 기분이 상했지만, 어쩔 도리가 없어 참을 수밖에 없었다. 그러던 어느 날 마침 현판 글씨를 써 주겠다고 하였다. 종이와 붓을 준비하여 한 번에 써 주기만을 기다렸다. 그런데 이게 무슨 일인가? '탁청정'

글씨를 종이 위에 쓰지 않고, 바로 현판에 직접 쓰겠다고 하였다. 문중 사람들은 이상하게 여겼지만, 조선 최고의 명필이라 뭐라고 하지 못했다. 그러나 한석봉은 여기에 더해 빈 현판을 건물에 걸어놓으라고 하였다. 이에 구경하던 문중 사람 모두가 깜짝 놀라며, 어떻게 글씨를 쓸 것인지 물어보지 않을 수 없었다. 한석봉은 대답하기를 사다리에 올라가 빈 현판에 직접 글씨를 쓰겠다고 하였다.

구경하던 사람들은 모두 황당하여 말을 할 수가 없었다. 할 수 없이 문중 사람들은 사다리에 올라가 빈 현판을 걸어 놓기로 마음먹은 곳에 걸어놓고 내려왔다. 한석봉은 잠시 크게 한번 숨을 마신 다음 붓에 먹물을 듬뿍 먹이고 사다리를 다고 올라가 빈 현판에 글씨를 쓰기 시작하였다. '씻을 탁'자인 濯의 '삼수'변의 첫 번째 점을 찍고, 두 번째 점을 찍는 순간, 예상 밖의 일이 터졌다. 구경하던 문중 사람 중에 한석봉을 마음에 들어 하지 않은 어떤 사람이 참지 못하고 사다리를 발길로 걷어찼다. 당연히 글씨를 쓰던 한석봉은 바닥으로 떨어져야 했지만, 이상하게도 한석봉은 '삼수'변의 두 번째 점을 찍은 붓에 매달려 바닥으로 떨어지지 않은 것이었다. 놀란 문중 사람들이 다시 사다리를 세웠고, 한석봉은 무사히 현판 글씨를 완성하고 내려왔다고 한다. 그래서 첫 번째 글자인 '濯탁'자의 두 번째 점을 자세히 살펴보면, 매우 굵고 힘이 넘침을 느낄 수 있다. 이는 한석봉이 잠시 이 두 번째 점에 의지해 매달려 있었기 때문에, 점이 굵어지게 되고 힘이 넘치게 된 것이다.

이 전설 같은 이야기는 실제 일어난 일이 아니다. 말 그대로 구전되어 오는 전설이다. 전설은 한석봉이 조선 최고의 명필임을 확인시켜주고, 탁청정 현판 글씨가 조선 최고의 글씨라는 자부심을 갖도록 하는 데 그 의미가 있다. 그리고 군자리에 자리 잡은 광산 김씨 문중의 권세를 드러내고자 꾸며낸 이야기에 불과한 것이다.

  탁청정 정자가 건립된 연도(1541년)와 한석봉의 생애(1543년~1605년)를 비교해 보면, 과연 한석봉이 쓴 것일까? 하는 의문이 든다. 하지만 탁청정이 세워지고 곧바로 한석봉이 쓰지 않았다 하더라도 후대에 한석봉이 직접 현판 글씨를 썼을 수도 있다는 여지가 있다. 탁청정 현판에는 낙관이 없어 한석봉의 작품이라고 주장할만한 마땅한 근거가 없는 셈이다. 그렇지만 이 현판을 소유하고 있는 광산 김씨 문중의 강력한 주장과 위와 같은 전설적인 이야기가 지금까지도 전해져 오기 때문에 한석봉 글씨라고 짐작하는 것이다.

濯淸亭탁청정

한석봉은 양반이 아니다. 그럼에도 불구하고 글씨 솜씨로 임금(선조)의 총애를 얻어 흡곡현령과 가평군수 같은 벼슬을 지냈다. 그러나 신분적 한계를 뛰어넘지 못하고 평생을 불우하게 보내야 했다.

탁청정(濯淸亭)은 1541년(중종 36년)에 김유(金綏, 1491년~1552년)가 세운 정자로 안동 광산김씨(光山金氏) 종택에 딸려 있는 국가민속문화재 제226호로, 김유의 호를 따서 '탁청정'이라 지었다. '濯淸(탁청)'은 중국 초나라 때 시인이며 정치가인 충절(忠節)의 대명사로 인정받는 굴원(屈原)의 〈어부사(漁父辭)〉에서 기원한다. 濯淸(탁청) "창랑의 물이 맑으면 갓끈을 씻는다"에서 따온 말로, 맑고 깨끗한 선비정신을 기리고자 함을 알 수 있다.

> 창랑의 물이 맑으면 내 갓끈을 씻고,
> 창랑의 물이 흐리면 내 발을 씻는다
> 滄浪之水淸兮可以濯吾纓
> 滄浪之水濁兮可以濯吾足

탁청정은 원래 낙동강 옆 오천리에 있다가 안동댐이 건설되면서 1974년 옮겨지었다. 앞면 3칸·옆면 2칸 규모로 앞면보다 옆면의 칸 사이를 넓혀 거의 정사각형에 가까운 모습이다. 지붕은 팔작지붕이며 마루에는 난간을 돌렸다. 개인 정자로는 가장 웅장하고 우아한 건물이다.

천재 화가가 남긴 멋진 글씨

湛樂齋 담락재

김홍도(金弘道)

경상북도 안동시 풍산읍 풍산태사로 1123-10

우리나라 최고의 화가 단원 김홍도,

그가 남긴 '湛樂齋담락재'라는 현판이 있다.

경북 안동시 풍산읍에 있는 정자 체화정(棣華亭)의 서재에 붙어있는 현판이다. 천재 화가로 알려진 단원(檀園) 김홍도(金弘道)의 대자(大字) 크기 현판 글씨는 전해오는 것이 별로 없다. 현재까지 딱 두 점만 존재한다. 하나는 湛樂齋(담락재)이고 나머지 하나는 二可堂(이가당)79)이다. 모두 안동시에 있다.

도화서 화원을 지낸 김홍도가 어찌 서울에서 먼 경상도 안동에 그 귀한 현판 글씨를 남겼을까?

김홍도는 안동지방 안기(安奇)라는 곳에서 1784년부터 1786년까지 찰방(察訪)80) 벼슬로 근무하였기 때문이다. 湛樂齋(담락재) 현판은 그가 1786년(정조 10년)에 안기 찰방 임기를 마치고 서울로 돌아가면서 체화정의 주인인 이민적의 아들 이한오에게 써준 편액이고, 二可堂(이가당) 현판은 찰방 임기 중 임청각(臨淸閣)81) 주인과 교유하면서 써준 것이다. 담락재 현판이 세상에 알려지게 된 계기는 2001년 유홍준 교수의 『화인열전 2』

---

79) 이가당(二可堂)의 이가(二可)는 산에서 산나물을 캐고 물에서 물고기를 잡는다는 안분지족(安分知足)을 뜻한다.
80) 찰방(察訪)은, 조선시대 각 도의 역 또는 참을 관리하는 일(교통, 소식, 손님맞이, 물품, 수사 등)을 맡아보던 종6품의 외직 문관 벼슬. 김홍도는 안기에서 찰방으로 1784년부터 1786년까지 2년 6개월 근무하였다.
81) 임청각(臨淸閣): 1519년(중종 14년)에 형조좌랑 이명(李洺)이 건립한 별당형 정자. 보물 제182호.

를 통해 그 존재가 세상에 알려지게 되었다.

湛樂齋(담락재) 현판은 정자의 이름을 나타내고자 한 것이 아니라서 정자 안에 딸린 서재의 문지방 위에 걸려 있다. 그래서 밖에서는 잘 보이지 않는다.

'湛樂(담락)'은 『詩經시경』 소아(小雅)의 녹명(鹿鳴)편의 한 시구인 '화락차담(和樂且湛)'에서 따온 말로, '형제간에 화합하여 즐거움을 기쁘게 오래도록 누려라'라는 뜻이다. 이것은 담락재가 걸린 체화정의 건립의미와 상통하고 정자 주인을 배려하기 위해 현판 이름을 이렇게 짓고 써준 것이다. 이런 깊은 속뜻을 품고 있어 그 자체만으로도 의미가 있다. 하지만 담락재 현판이 무엇보다 우리들의 관심을 끄는 것은 우리나라 최고의 화가인 김홍도가 글씨를 썼다는 점이다. 그림으로는 그 누구도 대적할 사람이 없지만, 글씨는 남아 있는 작품이 많지 않고 그림과는 다르다고 생각하기 때문에 사람들에게 별 관심이 없었다. 그래서 사람들이 그의 글씨를 찾지 않았다. 그러다가 2012년 예술의 전당 서예관에서 한국국학진흥원 주관으로 '목판, 선비의 숨결을 새기다'를 주제로 목판 특별전을 열었다. 이 전시회에서 특별히 세상의 이목을 끄는 작품이 있었다. 그것은 누구도 예상치 못한 천재 화가 김홍도가 쓴 현판이었다. 현판은 '담락재'였다. 이 전시회 이후로 김홍도가 쓴 현판이 존재한다는 것이 세상에 알려지게 되었고, 신문에도 기사화되어 사람들의 관심을 받게 되었다.

棣華亭체화정

　체화정 정자를 세우고 형제의 우애를 다하자 그 시대 선비들이 마음을 움직여 시대의 모범으로 삼았다. 이를 알게 된 김홍도가 정자를 세운 이민적이 죽은 뒤인 이때 직접 이곳을 찾아와 현판 글씨를 써 준 것은, 이민적·이민정 형제의 우애를 다시 세상에 밝히고자 한 것이다.

　현판 글씨를 가만히 보면, 그림을 그리듯 부드러운 감이 넘치고, 반듯한 여백미가 돋보인다. 이는 사고의 유연성을 가진 김홍도의 자유분방한 성격이 글씨에 나타난 것이다. 그래서 글씨가 간결하면서 부드럽고 힘이 넘치는 골격미를 느끼게 한다.

　담락재 현판이 걸린 체화정은 만포(晚圃) 이민적(李敏迪, 1702년~1763년)이 그의 맏형인 옥봉(玉峯) 이민정(李敏政)과 함께 우애를 나누며 여생을 보내려고 지은 정자이다. 정자는 1761년(영조 37년)에 건립하였다.

체화(棣華)라는 이 정자의 이름은 『시경詩經』〈소아상체小雅常棣〉편,

常棣之華 활짝 핀 아가위 꽃
鄂不韡韡 정말 아름답다
凡今之人 이 세상 누구라도
莫如兄弟 형제만 하지 않네

라는 구절에서 '체(棣)'와 '화(華)'를 따온 것으로 『시경詩經』에서 상체꽃이 한 곳에 다닥다닥 붙어 피는 모양이 마치 형제가 모여 사는 것에 비유되어 우애를 상징하는 것으로 보고, 정자 이름을 이렇게 지은 것이다.

정자 크기는 정면 3칸, 측면 2칸으로 중층(重層) 팔작지붕으로 지었다. 그리고 정자 앞의 연지에는 방장(方丈)·봉래(蓬萊)·영주(瀛州)의 신선들이 사는 삼신산(三神山)을 상징하는 세 개의 인공섬을 조성하였다. 체화정은 18세기 조선 후기 목조건축의 우수한 수준을 잘 보여주고 있으며, 정자 앞에 연못과 세 개의 인공섬을 조성하여 적극적으로 아름다운 경치를 꾸며내 우리나라 조경사에 가치 있는 정자로 연구대상이 되고 있다.

정자를 세운 이민적은 형인 이민정과 함께 이곳에서 살면서 만년까지 정자의 이름에 걸맞게 형제의 우애를 다졌다고 한다. 1985년 경북 유형문화재 제200호로 지정되었다가, 다시 2019년 12월 30일에 국가 보물 제2051호로 승격되었다.

체화정(棣華亭) 현판은 사도세자의 스승 류정원(柳正源)82)의 친필이다.

체화정 현판

---

82) 류정원(柳正源): 1703(숙종 29년)~1761(영조 37년). 1735년 증광문과에 을과로 급제하였으나, 부친상으로 관직에 나아가지 못하다가 1749년 성균관 전적을 시작으로 자인현감을 지냈고, 1754년 필선이 되었다. 그 뒤 여러 벼슬을 거쳐 대사간, 호조참의가 되었다. 천문(天文)·지지(地志)·음양(陰陽) 등을 비롯해 병률(兵律)·도가(道家)에 깊이 연구하였고, 경학을 잘하여 으뜸가는 경연관으로 영조와 동료 신하들의 신임을 받았다. 문집으로 「삼산문집(三山文集)」이 있다.

오수당午睡堂 이야기

성북동 최순우의 옛집에 걸린 午睡堂오수당

　午睡堂(오수당)은 혜곡 최순우83) 선생의 옛집에 걸려 있는 현판이다.
　'낮잠 자는 집'이라는 뜻이다. 이런 뜻을 지닌 오수당의 현판 글씨는 단원 김홍도의 글씨이다. 하지만 이 현판의 글씨는 김홍도가 직접 쓴 것이 아니다. 김홍도의 글씨인데 직접 쓴 것이 아니라니 어찌 된 일일까? 여기에는 그만한 사연이 있다.

---

83) 최순우: 1916년~1984년. 미술사학자. 본명은 최희순(崔熙淳)으로 경기도 개성군 송도면 지파리에서 태어났다. 순우는 필명이다. 개성의 송도고등보통학교를 졸업하였으며, 제4대 국립중앙박물관 관장과 문화재위원회 위원을 역임하였다. 저서 1994년에 발표한 『무량수전 배흘림기둥에 기대서서』가 있다.

오수당 글씨는 단원 김홍도의 시문(詩文)을 모아 만든 서첩인 「단원유묵첩(檀園遺墨帖)」에 실려 있다. 「단원유묵첩(檀園遺墨帖)」은 국립중앙박물관장을 지낸 최순우 선생이 1966년에 〈재세연대고(在世年代考)〉라는 논문에서 처음으로 소개하였다.

선생은 덕수궁미술관(전신 이왕가미술관)[84]이 국립박물관으로 통합되면서 창고에 있던 유물들을 박물관으로 옮기던 중 이 서첩을 발견했다고 한다. 서첩은 1914년 이왕가(李王家)박물관에서 당시 돈 15원을 주고 일본인에게 구입한 것이다. 모두 40쪽으로 구성되어 있으며, 표지에 '못난 아들 양기가 삼가 꾸몄다(不肖男良驥謹裝)'라는 내용이 적혀 있다. 또 서첩에는 당시 홍석주[85]와 신위[86]의 서문과 홍길우와 홍건우의 발문이 각각 서첩의 앞과 뒤에 붙어있다.

---

84) 창경궁에 있던 이왕가박물관의 소장품을 1938년에 덕수궁으로 이전하고 석조전에 전시되어 있던 일본 근대미술품과 통합하여 이왕가미술관(李王家美術館)이라 불렀다. 광복 후 덕수궁미술관으로 개칭하고, 문화재관리국에서 실질적으로 관리하다가 1969년에 국립박물관에 통합되었다.

85) 홍석주(洪奭周, 1774년~1842년)는 자는 성백(成伯), 호는 연천(淵泉)이다. 1795년(정조 19년) 과거에 갑과로 급제하고 검열·수찬·교리 등을 거쳐 이조참판, 전라도관찰사, 한성부판윤, 형조판서, 병조판서에 이르렀다. 순조의 신임을 얻어 좌의정까지 올랐다. 여러 학문에도 밝아 이름이 높았다. 『풍산세고』, 『상예회수』, 『연천집』 등이 있다.

86) 신위(申緯, 1769년~1845년)는 자는 한수(漢叟), 호는 자하(紫霞)·경수당(警修堂)이다. 어려서부터 신동이라 불리었고, 1799년 과거에 급제하여 도승지, 이조참판을 지냈다. 시·서·화의 3절로 일컬어졌다. 저서에 『경수당전고(警修堂全藁)』가 있다.

이렇게 서첩을 세상에 소개한 최순우 선생은 서첩 안에서 김홍도의 당호로 추정되는 午睡堂(오수당) 글씨를 발견하였고, 특별히 마음에 들어 이 글씨로 편액을 만들어 자신의 집 사랑채에 걸었다. 현판의 글씨는 임모한 것이다. 현판을 걸고 나서 최순우 선생은 자신을 '오수노인(午睡老人)'이라 부르고 유유자적하며 살았다. 지금도 최순우 옛집에 그대로 걸려 있다.

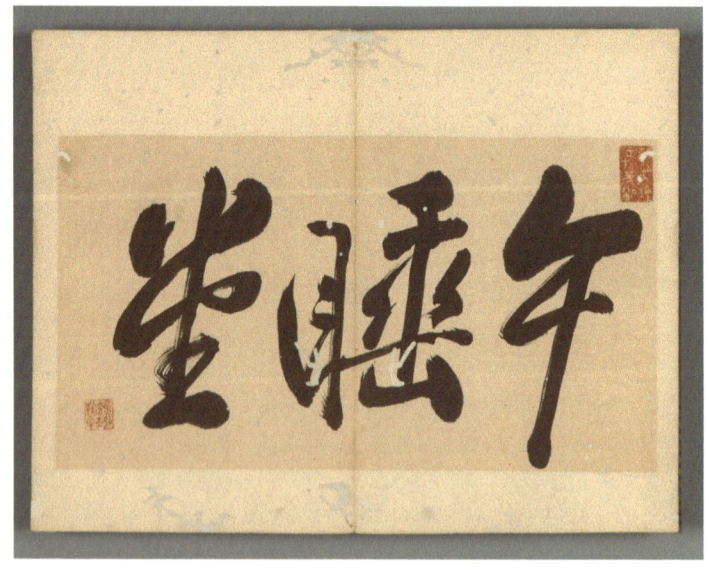

午睡堂(오수당). 국립중앙박물관 소장 檀園遺墨帖(단원유묵첩)

단원(檀園) 김홍도(金弘道)는 자타가 공인하는 조선 시대를 대표하는 최고의 화가이다. 생애는 1745년(영조 21년)부터 1806년(순조 6년)으로 추정하고 있다. 출생 연도는 여러 연구를 통해

1745년으로 밝혀졌지만, 사망 연도는 추정일뿐이다. 자는 사능(士能)이고, 호는 서호(西湖)·단구(丹邱)·단원(檀園)·고면거사(高眠居士)·취화사(醉畵士)·첩취옹(輒醉翁) 등이다. 김해 김씨로 대대로 무관을 지낸 중인 집안에서 태어나 출생지인 안산에서 문인화가 표암 강세황[87]에게 그림을 배웠다. 재주가 뛰어나 10대 때에 도화서 화원이 되어 임금의 어진과 궁중 기록화 등을 그렸다. 그 공로를 인정받아 중인으로는 받기 어려운 지방 수령인 안기찰방과 연풍현감 직을 받았다.

난원은 인물·산수·풍속·동물·식물뿐 아니라, 중국 신화 속 이야기나 도교·불교 등 모든 방면에 뛰어났으며 다양한 작품을 남겼다. 그의 스승인 강세황은 『豹菴遺稿표암유고』의 〈檀園記단원기〉에 김홍도의 재능에 대해 다음과 같이 기록하였다.

옛날이나 지금이나 화가는 각기 한 가지만 잘하지 두루 잘하지 못한다. 그런데 김군(金君) 사능(士能)은 근래에 우리나라에서 태어나, 어려서부터 그림 그리는 일을 하였는데 잘하지 못하는 것이

---

87) 강세황(姜世晃, 1713년~1791년). 본관은 진주(晋州). 자는 광지(光之)이고 호는 첨재(忝齋), 산향재(山響齋), 표암(豹菴), 표옹(豹翁) 등 많다. 어려서부터 총명하여 시를 짓고 글씨를 잘 썼다. 32세에 처가가 있는 안산으로 이사하여 물질적·정신적 도움을 받으며 예술 세계를 형성하였다. 이곳에서 성호 이익(李瀷) 등 남인 지식인들과 교유하면서 시와 서화에 전념하였다. 화가 심사정(沈師正)과 교유하고 김홍도(金弘道)와 신위(申緯)에게 그림을 가르쳤다. 61세가 되던 해 처음으로 벼슬길에 나가 영릉 참봉, 사포 별제, 병조참의, 한성부판윤 등을 거쳤다. 69세에는 정조(正祖) 어진 제작의 감독을 맡았다. 그리고 71세 때 기로소(耆老所)에 들어갔다.

없었다. 인물, 산수, 신선, 부처, 꽃과 과일, 짐승과 벌레, 물고기와 게의 그림에 이르기까지 모두 오묘한 작품에 들어가니, 옛사람과 비교하더라고 대적할 만한 사람이 거의 없다. 더욱이 신선과 꽃과 새의 그림을 잘 그려 이미 한 세대를 울리기에 넉넉하고, 다음 세대까지 전할 만하다.

특별히 우리나라 인물이나 풍속을 그리는 것을 더욱 잘하였다. 예를 들어 공부하는 선비와 시장에 가는 장사치들, 길가는 나그네와 규방의 여인, 농부와 누에 치는 여인, 여러 겹방들과 겹겹의 창문, 황량한 산과 들판의 물길에 이르기까지, 그 모습을 매우 사실적으로 그려서 실물과 차이가 없었다. 이런 그림은 일찍이 옛날에도 없었다.

대개 그림 그리는 사람들은 모두 비단의 흰 바탕에 전해 오는 그림을 따라 그려 그 배움이 쌓이면 겨우 비슷하게 그려 낼 수 있다고 하였다.

그러나 사능은 독창적으로 터득하여, 교묘하게 하늘의 조화를 빼앗을 수 있는 데까지 이르렀다. 어찌 하늘이 내린 재주가 남들과 다름이 세상 사람들을 훌쩍 뛰어넘은 것이라 하지 않을 수 있겠는가?

古今畫家, 各擅一能, 未能兼工. 金君士能生於東方近時, 自幼治繪事, 無所不能. 至於人物山水仙佛花果禽蟲魚蟹, 皆入妙品, 比之於古人, 殆無可與爲抗者. 尤長於神仙花鳥, 已足鳴一世而傳後代. 尤善於摸寫我東人物風俗. 至若儒士之攻業, 商賈之趨市, 行旅閭閻, 農夫蠶女, 重房複戶, 荒山野水, 曲盡物態, 形容不爽. 此則古未嘗有也. 凡畫者皆從絹素流傳者, 而學習積力, 乃可?彿. 而創意獨得, 以至巧奪天造. 豈非天賦之異, 迥超流俗耶.

〈단원기〉에서 스승 강세황은 단원 김홍도를 '하늘이 내린 재주가 남달라 세상 사람들을 훌쩍 뛰어넘었다.'는 말로 정의한다. 이것을 청출어람(靑出於藍)이라고 한다.

단원을 최고의 화가로 부르는 이유는 단원 이전의 화풍이 양반 중심이었다면, 단원 이후부터는 중인이나 평민들도 화폭의 주인공으로 등장하였으며, 추상적인 그림이 아닌 매우 사실적으로 그렸다는 것이다. 표정과 행동이 모두 살아있는 듯하고 손에 잡힐 듯하여 사람들의 삶의 깊은 모습과 내면의 세계까지 담고 있다. 놀라울 정도로 세밀한 표현이다. 참으로 스승의 말처럼 시대를 뛰어넘는 위대한 화가였다.

단원 김홍도 연보年譜

이 연보는 안산시 김홍도미술관에 표기된 것과 도서 『천년의 화가 - 김홍도 붓으로 세상을 흔들다』[88]를 참조하였다.

1세: 1745년(영조 21년)
 경기도 안산 성포리에서 태어남.
6세경: 1750년(영조 26년)
 강세황에게 화법을 배워 익힘.
16세: 1761년(영조 37년)
 이즈음 관례를 하고 자를 '사능(士能)'이라고 함.
 비슷한 시기 현재 심사정에게 그림을 배우고 평생의 벗이 될 이인문을 만남.
19세: 1763년(영조 39년)
 강세황, 허필, 심사정, 최북과 합작으로 〈筠窩雅集圖균와아집도〉를 그림.
 도화서 화원이 됨.
21세: 1765년(영조 41년)
 〈景賢堂受爵圖경현당수작도〉 병풍을 제작함.
22세: 1767년(영조 43년)
 청계천 하량교 부근에 집을 마련함.
28세: 1772년(영조 48년)
 영희전 중수에 15명의 화원들과 함께 참여함.

---

88) 이충렬, 『천년의 화가 - 김홍도 붓으로 세상을 흔들다』, 메디치, 2019년.

29세: 1773년(영조 49년)

영조 어진 및 세손(정조)의 초상화를 그림.

1월 9일 영조의 어용화사에 선출되어 영조 어진 및 세손(정조)의 초상화를 그림.

2월 4일 어진을 그린 공로로 사재감의 종6품 주부에 임명됨.

6월 13일 수령강 시험을 통과하지 못해 사재감 주부직에서 파직당함.

7월 16일 장원서 종6품 별제에 제수.

8월 〈愼言人圖신언인도〉 제작.

30세: 1774년(영조 50년)

10월 14일. 사포서 종6품 별제에 임명됨.

32세: 1776년(영조 52년)

2월 9일 울산목장 종6품 감목관에 임명됨.

3월 영조 승하, 정조 즉위.

5월 6일 영조 국장의 '구의화보불화원'으로 임명되어 한양으로 올라감.

〈群仙圖군선도〉 8폭 병풍 제작(국보 제139호).

34세: 1778년(정조 2년)

〈行旅風俗圖행려풍속도〉 8폭 병풍, 〈西園雅集圖서원아집도〉 선면, 〈西園雅集圖서원아집도〉 6폭 병풍 제작

35세: 1779년(정조 3년)

〈神仙圖신선도〉 8폭 병풍, 〈松月圖송월도〉 제작.

36세: 1780년(정조 4년)

백운동천 꼭대기 성벽 아래에 집을 마련하고 당호를 단원檀園이라고 지음.

37세: 1781년(정조 5년)

8월 19일 정조의 어진을 그리는 어용화사에 선출되어 어진 제작 참여

10월 16일 어진을 그린 공로로 동빙고 별제에 제수.

38세: 1782년(정조 6년)

딸 결혼

〈蛺蝶圖협접도〉, 〈南極老人圖남극노인도〉 제작.

39세: 1783년(정조 7년)

규장각 자비대령화원제 출범.

12월 28일 안기 찰방 임명.

40세: 1784년(정조 8년)

정월 안기 찰방 부임.

여름 경상감사 이병모와 대구 감영 징청각에서 아집(雅集)

12월 〈檀園圖단원도〉 그림.

42세: 1786년(정조 10년)

체화정의 〈湛樂齋담락재〉 현판 글씨 씀.

찰방 임기 마치고 5월 도화서 복귀.

44세: 1788년(정조 12년)

금강산 사경 김응환 동행.

〈海東名山圖帖해동명산도첩〉(초본첩), 〈金剛四君帖금강사군첩〉

45세: 1789년(정조 13년)

대마도에 가서 지도를 그려 돌아옴.

동지정사 이성원을 수행하여 중국 북경에 다녀옴.

46세: 1790년(정조 14년)

용주사 불화 제작 감독

〈武藝圖譜通志무예도보통지〉 간행, 〈騎驢遠遊圖기려원유도〉 제작.

8월 〈十老圖像帖십로도상첩〉 강세황과 함께 제작.

47세: 1791년(정조 15년)

1월 23일 스승 강세황 타계.

정조 어진 제작(동참화사)

12월 22일 연풍현감 임명.

48세: 1792년(정조 16년)
연풍현감 재임.

49세: 1793년(정조 17년)
아들 김양기 출생(훗날 화원이 됨)

51세: 1795년(정조 19년)
1월 7일 연풍 현감에서 해임 됨.
1월 18일 사면.
〈華城陵幸圖화성능행도〉 완성.

52세: 1796년(정조 20년)
〈丙辰年畵帖병진년화첩〉,〈徐直修肖像서직수초상〉
〈華城春秋八景圖화성춘추팔경노〉 병풍 제작.

53세: 1797년(정조 21년)
〈오륜행실도五倫行實圖〉 간행.

56세: 1800년(정조 24년)
〈朱夫子詩意圖주부자시의도〉 병풍 제작.
6월 28일 정조 승하.

57세: 1801년(순조 1년)
〈三公不換圖삼공불환도〉 제작.

58세: 1802년(순조 2년)
아호로 시골 늙은이 농한農漢으로 자처함.

60세: 1804년(순조 4년)
5월 5일 제자 박유성과 함께 규장각 차비대령화원이 됨.
〈耆老世聯稧圖기로세련계도〉,〈知章騎馬圖지장기마도〉 제작.

61세: 1805년(순조 5년)
천식으로 생사의 고비를 넘나듦.
9월 중순 차비대령화원직에서 물러남.
10월 초 제자 박유성의 초대를 받아 전주에 내려감.

12월 19일 아들에게 편지를 씀(월사금을 보내주지 못해 탄식하고, 정신이 어지러워 더 쓰지 못한다)는 내용.
12월 30일 전라감사 심상규의 부탁으로 부채에 〈일지매〉를 그려 줌. 같은 날, 심상규는 자신의 벗 예조판서 서영보에게 '화사 김홍도가 굶주리고 병들어 여기에 왔다'는 내용의 편지를 보냄.
〈秋聲賦圖추성부도〉 제작.

62세: 1086년(순조 6년)

사망 추정

【ㄱ】

가허루(駕虛樓) 166, 167
강벽원 54
강세황 213, 215, 216
강용(姜鎔) 48, 50, 53
강화도 80, 81, 85
개경 187, 189
경복궁 24, 82, 140
경운궁(慶運宮) 140, 141, 142
『고려사절요』 187
고문진보 28
고종(高宗) 6, 139, 140, 141, 143, 144
공민왕(恭愍王) 171, 172, 186, 188
관감당(觀感堂) 9, 10, 11, 13, 19, 20, 22
관물헌 143, 144
관선생(關先生) 184, 185, 187
광해군 18, 140
권동수 55, 56
금강산 218
금인석(琴仁錫) 145, 148
김규진 58
김유(金綏) 199, 200, 203
김정희(金正喜) 21, 164,
김홍도(金弘道) 204, 205, 206, 210, 212, 215

【ㄴ】

노량해전 94, 95
〈논어〉 59

【ㄷ】

단원(檀園) 205, 210, 212, 213, 217
담락재(湛樂齋) 205, 206, 218
당상관 48
당하관 9
대복전(大福田) 118, 120
대흥사 150, 153, 166, 167
덕수궁 140, 142, 211
도산서원(陶山書院) 68, 69, 194, 196, 197
도연명 49, 57
두보(杜甫) 25, 26, 28

【ㄹ】

류성룡(柳成龍) 69, 76

【ㅁ】

만산(晩山) 48, 52
명종 61, 65
문효세자(文孝世子) 119, 122, 124, 127

【ㅂ】

박광석(朴光錫) 156, 162
박비(朴斐) 157
박비(朴婢) 158, 160
박성수(朴聖洙) 155, 162
박정희(朴正熙) 90, 91, 92
박중림 159
박팽년(朴彭年) 155, 158, 159, 162

병자호란 11, 21, 116, 147
보제루(普濟樓) 166, 170
봉서루(鳳棲樓) 172, 173, 179, 180, 181
봉선사 146, 147, 149, 153
봉화 51
불천위(不遷位) 11
비비정(飛飛亭) 105, 106, 110, 111, 113

【ㅅ】
사도세자 119, 122, 123, 209
사유(沙劉) 185, 187
삼가헌(三可軒) 155, 156, 162
삼도통제사 97
서유대 24, 27
석봉 197
선암사 118, 120, 153
선조(宣祖) 18, 97, 140, 142, 157, 194, 195
성공회(聖公會) 80, 81, 84, 85
성덕임 123, 124
성종 158, 160
세병관(洗兵館) 24, 25, 27
세조(世祖) 147, 149, 157
소수서원(紹修書院) 61, 65, 69, 71, 172
송성용(宋成鏞) 112, 113
송시열 78, 106, 109, 110
수빈 120, 122, 123
숙선옹주 122
숙종 10, 11
순조 100, 118, 120, 122, 211

『시경(詩經)』 143, 208
신위(申緯) 211, 213
심광언(沈光彦) 169

【ㅇ】
악비(岳飛) 98, 107, 108, 110
안록산(安祿山) 26, 29, 98
안유(安裕) 62
안진경(顏眞卿) 54, 194, 197
안축(安軸) 172, 173, 179
안향(安珦) 64, 69
『연려실기술燃藜室記述』 61, 63, 157
영친왕 52, 56, 58
오세창(吳世昌) 49, 54, 57, 163
오수당(午睡堂) 210, 212
오장경(吳長慶) 44
왕희지(王羲之) 12, 194, 197
용주사 151, 218
우암 106, 109
운허(耘虛) 148
원나라 62, 172, 181, 183, 197
원통전 118, 120
유네스코 66, 198
의빈 119, 122, 123, 124, 126
의상대사 40
의선당(義善堂) 37, 43
이가당(二可堂) 205
이관징(李觀徵) 10, 12
이괄 8, 18
이광사 164
이락사(李落祠) 92, 93
이방실 183, 184
이삼만 156, 163

이성계 185, 187
이수약 14
이순신(李舜臣) 25, 91, 93
이원익 8, 16
이황(李滉) 61, 64, 69, 70, 73
인조 10, 11, 22, 140
일본 95, 197
임영관(臨瀛館) 181
임진왜란 9, 25, 26, 75, 91, 94, 140, 147, 166
임청각(臨淸閣) 205

【ㅈ】
장비(張飛) 107, 108, 110
정명수(鄭命壽) 40
정조(正祖) 119, 122, 126, 217
정희왕후 147
조맹부 197
『조선왕조실록(朝鮮王朝實錄)』 61, 119, 141, 157
주련(柱聯) 37, 82, 85, 148
주세붕(周世鵬) 61, 70
주자(朱子) 58, 64
『중용(中庸)』 155
즉조당(卽阼堂) 140, 141
진린(陳璘) 95, 96
집희(緝熙) 143

【ㅊ】
창덕궁 58, 67, 143
천은사 166, 170
청백리 8, 11, 19
체화정(棣華亭) 205, 207, 209, 218

최순우 210, 212
최익현 105
충현박물관 10, 21
칠류헌(七柳軒) 48, 49, 50, 57

【ㅋ】
큰법당 146, 148

【ㅌ】
탁청정(濯淸亭) 199, 200, 203
통영(統營) 25
통제사 25, 26, 100

【ㅎ】
한석봉(韓石峰) 73, 194, 195, 200, 201, 203
한일동 59
한호 197
함허정(涵虛亭) 166, 168
홍석주(洪奭周) 93, 101, 211
화교 43
효의왕후 119, 122, 124, 127
흥선대원군 52, 53, 197
흥왕사 188

◢ 참고문헌

1. 도서

『고문진보』, 전통문화연구회, 역주 성백효, 2011.
『근재집』, 안축. 한국고전번역원, 역 서정화·안득용·안세현 역, 2014.
『내고향 전통가꾸기』, 안동군, 1984.
『달성군지』, 달성군, 1992.
『덕수궁의 인문학산책』, 황인혁, 시간의물레, 2018.
『대구의 뿌리 달성 1』-달성을 되짚다, 달성문화재단, 달성군지간행위원회, 2014.
『신증동국여지승람』, 이행, 솔출판사, 1996.
『신편 고려사절요』, 민족문화추진회 역)편집부, 신서원, 2004.
『안동시사』, 안동시사편찬위원회, 1999.
『안동의 유교현판』, 권진호, 민속원, 2020.
『연려실기술』, 이병도 역, 고전번역원, 1966.
『조선왕조실록』, 국사편찬위원회
『천년의 화가 -김홍도 붓으로 세상을 흔들다』, 메디치출판사. 이충렬, 2019.
『현판기행』, 김봉규, 담앤북스, 2014.
『현판 역사를 담다』, 박진형, 시간의물레, 2021.

2. 자료

〈명필과 현판〉, 유교문화박물관, 2017.
〈조선의 그림신선, 김홍도〉, 김홍도미술관, 2023.

3. 인터넷

김홍도미술관 홈페이지
http://www.ansanart.com/main/danwon/index.do
국립중앙박물관 홈페이지 http://www.museum.go.kr/
국가유산청 홈페이지 http://www.cha.go.kr/
충현박물관 홈페이지 http://www.chunghyeon.org/
한국향토문화전자대전 http://www.grandculture.net
한국학중앙연구원 http://www.aks.ac.kr
한국국학진흥원 http://www.koreastudy.or.kr